JN231597

Flower Noritake

フラワーノリタケの花々

則武潤二　則武有里

日本文芸社

フラワーノリタケの朝は早い。

花市場の開く日は午前2時半に出かける。
8時すぎにはスタッフが店で待ちかまえ、
朝の荷下ろしが始まる。

6月中旬に入荷したのはケムリソウにアーティチョーク。
大好きな花材だからわんさか仕入れた。

花材の荷下ろしに水替えと、朝のノリタケは慌ただしい。
新しい花たちがきれいに並び終えるのは、午後2時すぎ。
一日でいちばん楽しい瞬間だ。

お客様から注文をいただいたブーケやアレンジを、
みんなで手分けして順番に仕上げていく。

夕方になると仕事帰りの人たちが立ち寄り、
自分のために、あるいは大切な人のために花を選び、
笑顔で店を後にする。

毎日、同じことの繰り返しのようだが、
同じ日は一日もない。
季節も、花も、そして人の心も
日々移ろっていくわけだから。

CONTENTS

ブーケとアレンジメント

BOUQUETS & ARRANGEMENTS

植物に導かれるように直感で手を動かす

花の魅力は何といっても表情。毎日違うし、枯れても面白い。どの花も好きだけれど、特にラインが綺麗なクレマチスや華奢な感じのクリスマスローズなどにはたまらなく惹かれてしまう。

フラワーノリタケの花は、道端で摘んできたような素朴な草花が多い。それには名古屋という土地柄も大きく影響している。名古屋の花市場は個人の生産者さんが多く出店していて、畑や山で採れた不揃いな旬の草木を並べて売っているのだ。

花市場のある日は誰よりも早く市場に向かい、自分の目で一本一本選ぶ。この愚直な作業を何十年と繰り返しているが、毎回、違う顔が並ぶので飽きることがない。こだわって仕入れた花は100%自分好み。選りすぐりの花材に囲まれながら、日々、ブーケやアレンジメントをつくっている。

ブーケづくりの楽しさは、長さや動き、ボリューム感を自由に出せること。草むらに隠れていたような花はぐっと短く、空に向かってまっすぐ伸びているものは長くなど、できるだけ自然に近い感じで組ん

でいく。伸び伸びとした不揃いな花材のおかげで、野の花のヒョロヒョロっとした感じもよく出せて、野原で摘んできたような表情が生まれる。

かご盛りなどのアレンジメントは、ブーケのような動きは出せないが、反対に、細やかに花を組み合わせたり、ギリギリのところまで高さを調節できる。折れてしまった花を生き返らせることができるのもアレンジメントの面白さだ。

ブーケでも、アレンジでも、ありのままの姿やラインを活かして組むことが大事。自然の愛を受けた素朴な花を迷いなく手早く束ね、自然の勢いが消える前に手放す。こうすることで美しさを保ったまま、形にできるような気がする。

美しく仕上げようなんてあまり考えたことがない。呼吸をするように感覚的に花を選び、植物に導かれるように直感で手を動かした結果、美しい姿が立ち現れてくる。自分は季節に合わせて好きな花を好きなように集めているだけ。だからどれを組み合わせても間違いない。いつもそんな感じだ。

鳥の巣みたいな
アレンジメント

クロユリやパフィオといった個性的な花を
見え隠れさせながら、洋花と身近な和花を
贅沢にミックス。鳥の巣のような器は、飾
りのないかごにリースの土台に使う蔓を崩
して巻きつけている。

FLOWERS アジサイ、アストランティア、アマラン
サス、ガイラルディア、スカビオサ、ギボシ、クマヤナ
ギ、クリスマスローズ、クレマチス、クロユリ、ジュー
ンベリー、ゼラニウム、ディアボロ、ニゲラの種、パフ
ィオ、ビバーナム、ファラリス、プチロータス、フラン
ネルフラワー、モナルダ

大きなわた毛は名古屋周辺
では見かけないバラモンジ
ン。タンポポを巨大化した
ような姿は愛嬌たっぷりで、
一粒のわた毛もびっくりす
るくらいの存在感。

002 | ARRANGEMENT

ファンパームのアレンジメント

ファンパームのごっつい葉っぱにあえて繊
細で優しげな花を組み合わせたら、お互い
の持つ美しさがいっそう引き立った。花や
テーブルに散らしたわた毛はフワフワと置
くだけで目を引くユニークさ。

FLOWERS アストランティア、クレマチス、クレマ
チスの種、ニゲラ、ニゲラの種、バラモンジン、ビバー
ナム、ファンパーム、ヘリオトロープ、モナルダ

好きな花は高くする
ヒョロヒョロした長い茎は
たわませながら

003 | BOUQUET

早春の花摘みブーケ

何種類もの花を美しくまとめるには、いろ
いろな顔の花を選ぶ。細面の顔、丸顔、小顔、
濃い顔など。うつむき加減の花は顔が見え
るように少し高めの位置に。とにかくおせ
っかいに想像していろいろと気にかける。

FLOWERS アネモネ、ガーベラ、スイートピー、ス
カビオサ、ストロベリーキャンドル、ゼラニウム、ニ
ンジンの花、ビオラ、マトリカリア、ミモザ、ユーカリ
ポポラス、ホワイトレースフラワー

004 | BOUQUET

不思議な植物のブーケ

形が面白く、模様が不思議な植物が大好き。
どれも濃いキャラクターだが、一つに集め
て花束に。色のエッセンスを入れると柔ら
かさもプラスされ、バランスが良くなる。

FLOWERS アーティチョーク、アリウム、アンスリ
ーム、エアプランツ、クロユリ、サラセニア、スース
ター、シャクヤク、バンクシャ、ベゴニア

緑だらけのアレンジメント

多くの種類を使いながら色のトーンを揃え
てとのリクエストをよくいただく。こちら
はグリーン系。パッと目を引く鮮やかさは
ないが、洗練された緑の美しさが濃縮され
た人気のアレンジ。

FLOWERS アーティチョーク、アマランサス、アリア
ムシクラム、アンスリューム、クレマチスの種、サラセ
ニア、シースター、スカビオサの種、ニンジンの花、ニン
ニク、ハイゴケ、ユーカリトランペット、ルピナスの種

006 | BOUQUET

花摘みのブーケ

曲線が美しい華奢な花は、こちらの思い通
りにはいかない。花の行きたい方向へ、導
かれて挿すだけだ。すると、花たちは淡い
色のグラデーションを見せてくれる。風に
揺れるように、道端で摘んできたように。

FLOWERS　アネモネ、ガマズミ、クリスマスローズ、
ゴシキカズラ、スイートピー、スカビオサ、バイモ、ラ
ナンキュラス、ルピナス

— how to make » P.160

バイモみたいに
ヒュッとして
チョロンっていうのが
たまらない

007 | BOUQUET

個性派グリーンのブーケ

素材の面白さが際立つときは花材の種類を
少なめにすることも。小判形の葉が鈴なり
のフィビジア、ビロードのようなラムズイ
ヤー、長毛のウーリーブッシュ。どれもシ
ルエットだけでも楽しめる個性派たちだ。

FLOWERS ウーリーブッシュ、ニンジンの花、フィビ
ジア、ラムズイヤー

こんなに楽しい容姿の植物
は何にでも使いたいもの。
色のトーンは控え目ながら、
規則正しく並んだ丸い形は
ほんの少し加えるだけで印
象を変えてくれる。

トーンを抑える。
派手になりすぎないように

カラフルなのに
シックなブーケ

枝ものの花はどこかしら落ち着いた雰囲気。
分岐した枝先に小花を集めたディアボロは、
触ってみるとカサカサと乾いた音がして、
まるでつくりもののよう。渋い赤茶色でシ
ックな仕上がりにひと役買っている。

FLOWERS アキレア、アストランティア、アリアムシ
クラム、ガイラルディア、キンギョソウ、クレマチス、
ジギタリス、ジニア、ジューンベリー、シロタエギク、
スカビオサ、スグリの実、ディアボロ、トルコキキョウ、
ナデシコ、バラ、ヒメミズキ

風船形の蕾をたくさんつけたカランコエ。蕾の中から赤い花が顔を出して咲く。その姿は造形的で蕾が揺れる度に見とれてしまう。

スモーキーカラーの
アレンジメント

色めを抑えたアレンジには、陽気な姿の花を入れると全体の奥行きが出て、ピリッとスパイスが効いてくる。個性的なカランコエはまさにうってつけ。シックで渋いものをつくるときの心強い花材だ。

FLOWERS カランコエ、クリスマスローズ、パフィオ、バラ、マリーサイモン、ルピナス

ニワザクラの大きなブーケ

ユサユサ揺れる新緑の葉に赤い実もタワワ
になったニワザクラ。市場で目に留まった
旬のもので、大らかで流れるような枝ぶり
がとても美しい。枝の流れに逆らわずに素
直に組むと、自然の中から生まれたような
ブーケができ上がる。

FLOWERS グロリオサルテア、グンバイナズナ、ニワ
ザクラ、ニンジンの花、ルリトラノオ

1

O11 | ARRANGEMENT

ボックスフラワー

小花系を中心に好きな花材を集めたアレンジ。茎は短くてかまわないので、ブーケやアレンジで切り落とした花も活かせる。丸だったり、平面だったり、いろんな形の花材を組み合わせると生き生きした表情に。

— how to make » P.164

FLOWERS

1. アジサイ、アストランティア、グリーンネ
ックレス、スカビオサ、ゼラニウム、クレ
マチスの種、ニゲラの種、パセリの花、ブ
ルーベリーの葉、ブルーレース、ベルテ
ッセン、マトリカリア

2. アーティチョーク、アストランティア、ア
ルケミラモリス、ウーリーブッシュ、エリ
ンジューム、クレマチス、クレマチスの種、
ケール、スカビオサ、センニチコウ、ニゲ
ラの種、ニワザクラ、ニンジンの蕾、ブラ
ックベリー、ユーカリトランペット

3. アストランティア、ニゲラの種、グリー
ンネックレス、クレマチス、クレマチス
の種、スカビオサ、セロリの花、ニワザ
クラ、ニンジンの蕾、ブラックベリー、
マトリカリア、ユーカリテトラゴナ

アストランティアは、ギリ
シャ語の「Aster」(星)が
語源。ガクの形が星に似て
いるところから名づけられ
た。どんな花材と組み合わ
せても調和してくれる。

植物の造形美にはしばしば
心を奪われる。ひしめき合
った光景は何かを伝えあっ
ているようにも見え、耳を
澄ますと彼らの笑い声が聞
こえてきそうだ。

プロテアと和花のブーケ

異国の花と日本の花をめぐり合わせて、一つの花束に。少々アクの強いブーケだれど、ラズベリーなどおなじみの実ものと一緒にすることで"可愛い"と"カッコいい"の二つが楽しめる。

FLOWERS アーティチョーク、ケール、スカビオサの種、ディアボロ、クレマチスの種、プロテア、ベアグラス、モナルダ、ヤマゴボウ、ユーカリトランペット、ラズベリー

— how to make » P.166

黄色いラミュームのブーケ

花材を少なめに組むときのコツは、形、色、
模様において存在感がほかの花材に負けな
いものを一つ選ぶこと。このブーケの場合
は黄色いラミューム。あえて他の色を抑え
たことで黄色の印象が深い花束になった。

FLOWERS クリスマスローズ、クレマチス、ニゲラの
種、ビバーナム、ラミューム

小さな実と
シルバーリーフのブーケ

こぶりながらもフレッシュなグリーンをた
くさん使い、しっかりと密に組んだ。安定
した厚みのあるグリーンがベースとなり、
丸く可愛い白い実やシルバーリーフ、揺れ
動く黒い実を引き立たせている。

FLOWERS アストランティア、コットンブッシュ、シ
ルバーブローニア、シロタエギク、ニンジンの花、ヒバ、
ヘデラベリー、ヤツデの実、ラナンキュラス

ニンジンの花のブーケ

レースフラワーを大きくしたようなニンジンの花。旬の初夏には多くのノリタケブーケに登場する。主役になりがちなバラも輪の中に入ってもらい、それぞれが主張しすぎず、優しさが漂うブーケに。

FLOWERS アジサイ、ギボシ、シロタエギク、ゼラニウム、タニワタリ、ニンジンの花、バラ、モナルダ

016 | ARRANGEMENT

ヒバのアレンジメント

ヒバの葉で大胆に器を包み、テイカカズラ
の蔓で絡めた大きめのアレンジ。伸びた蔓
は器の中だけでは物足りず、外に飛び出さ
せた。ダイナミックな動きを出すことが得
意な蔓は、あれこれ遊んでみたくなる。

FLOWERS アルビフローラ、アンスリューム、エリン
ジューム、カラー、クリスマスローズ、スイートピー、
スカビオサ、テイカカズラ、トルコキキョウ、ニンジン
の花、ヒバ、プルモーサム、マツカサ

リースとスワッグ

WREATHS & SWAGS

葉ものや実ものがバリエーション豊かに

ブーケと違ってリースは、細かい花も使えて小さな世界を表現できる面白さがある。葉ものだけ、実ものだけでもつくれるので、花材選びの幅もグンと広がる。ブーケでは使えない苔だってリースなら許されるのが嬉しい。ほかにもエアプランツや小さな多肉植物など、細かいものを取り合わせる楽しみがある。フラワーノリタケのリースは、旬の花材はもちろんのこと、とにかくグリーンをふんだんに取り入れる。一種類だけでなく数種類、同じ緑色でも線の細いもの、シルバーグリーンのものなど、ちょっとずつ形や色合い、質感が異なるものを混ぜる。また丸いリースだけでなく、四角形にしたスクエアリース、その変形のラウンドリースなど、そのときどきの花材からひらめいたバリエーションも生まれている。リースに比べて束ねるだけの気軽さがあるのがスワッグだ。昔からあったが、ドライフラワーの流行もあって一般に広がってきた。これといった決まりがなく、誰でも簡単につくれるのが魅力。この枝ぶりがカッコいいとか、ユニークな花を見せたい、とい

うだけでも間違いではないが、大きさや流れ、ボリューム感に気を配るともっと楽しくなる。ドライフラワーになって乾燥すると植物が痩せてくるので、少し大きいかなと思うくらいの量を目安にするといい。フラワーノリタケでは、壁に掛けたときに映えるように、不思議な植物や珍しい葉や実など、何かしら目を引くものを入れている。また束ねるだけでなく、長くつなげてガーランドにしたり、丸く太らせて壁や天井から吊るしたり、いろいろとやっているうちに面白いものもでき上がってきた。
植物をよく観察してみると、持って生まれた色、模様、形、どれをとっても完璧なくらい端正で美しい。スワッグは組み方がシンプルなぶん、そんな植物の持つ神秘的な姿にも関心を寄せながら束ねてほしい。綺麗に乾燥する葉や花材を見つけたら、まずはフレッシュな花の持つ瑞々しさを存分に、その後、シンプルに束ねてゆっくりとドライになっていく姿を味わう。そんな楽しみ方ができるのもスワッグの醍醐味ではないだろうか。

深い森のリース

緑に黄色、赤や紫などの花の色が浮き立っ
た姿は、まるで深い森の中で体を休める虫
や鳥たちのよう。土台をグリーンで組むとき
は素材の勢いを失わないように枝の流れや
向きに留意してまとめると自然な形に。

FLOWERS ウエストリンギア、クリスマスローズ、ク
レマチスの種、ケムリソウ、コットンブッシュ、シロタ
エギク、スグリの実、ディアボロ、デイジー、ニゲラの
種、ハイブリッドスターチス、ビバーナム、ユーカリト
ランペット、ラミューム、ローズマリー

FLOWERS ウエストリンギア、クマヤナギ、クリスマスローズ、ケムリソウ、コットンブッシュ、ジューンベリー、チドリソウ、ディアボロ、ニゲラの種、ハイブリッドスターチス、ビバーナム、ユーカリトランペット、ラズベリー、ローズマリー

— how to make » P.168

ワイルドスワッグ

大きいスワッグはワイルドがコンセプト。
市場に行っても風変わりなものがないか、
いつもアンテナを張り巡らせている。見た
こともない大きな実や造形が美しい葉は必
ず入れるので、面白いものができ上がる。

FLOWERS

1. アキレア、グンバイナズナ、ケムリソウ、サラセニ
   ア、サンカクアカシア、ディアボロ、ニゲラの種、
   バンクシャ、フィビジア、ユーカリトランペット、
   リューカデンドロン

— how to make » P.170

2. アストランティア、コットンブッシュ、サンカクア
   カシア、ディアボロ、ニゲラの種、バンクシャ、フ
   ィビジア、ユーカリトランペット

3. ウーリーブッシュ、グンバイナズナ、ケムリソウ、
   サンカクアカシア、テマリソウ、ディアボロ、ニゲ
   ラの種、フィビジア

4. アーティチョーク、アストランティア、サンカクア
   カシア、グンバイナズナ、ニゲラの種、バンクシャ、
   フィビジア、ユーカリトランペット、リューカデン
   ドロン

3

下から見上げるワクワク感もスワッグならでは。黄色く明るい顔のアキレアは乾燥しても色と形が変わらないので、色をポイントで入れたいときに重宝する。

束ねた根元にあるまん丸の
緑はテマリソウ。水の中に
生息するマリモに似ている
が、カーネーションの種類。
花でも葉でも面白い形のも
のはすかさず目立つ場所に。

バトンスワッグ

あの人にこの人に、とちょっとした気持ち
を伝えるときに大活躍する手のひらサイズ
のミニスワッグ。ひと際目を引く青い花は
ヤグルマソウ。青色が引き立つように他は
落ち着いた優しい草花でまとめた。

FLOWERS ガマズミ、ソリダスター、ニンジンの花、マ
トリカリア、ヤグルマソウ

早春の花摘みリース

早春の小花ばかりを集めた瑞々しさが漂う
リース。寒い土の中からやっと顔を出した
花たちが賑やかに自由に顔をくっつけてお
しゃべりしているイメージ。土台には丸い
リース形の吸水性スポンジを使用。

FLOWERS アネモネ、アルストロメリア、ガマズミ、
グニユーカリ、クリスマスローズ、コットンブッシュ、
シロタエギク、スカビオサ、デルフィニウム、ビオラ、
ムスカリ、ラグラス

早春の2、3月にはたいていの花屋さんに入荷する球根。原種のチューリップや出始めのムスカリは丈が短いので球根つきが出回る。

球根はどれも好き。なかで
も原種のチューリップは格
別だ。白い花びらが開き、
中心が卵の黄身のような姿。
何ともいえない。

ムスカリの葉は曲線でつく
られる花とは違い、シュッ
としたラインが美しい。花
とは違うアクセントになる
ので、なるべくいい場所に。

球根カーニバル

春の訪れを告げようと今にも踊り出しそう
な賑やかさ！ 寒さで赤く色づいたゼラニ
ウムの葉を入れることで全体のトーンを少
しだけ中和させ、華やかではあるけれど落
ち着いた渋さもプラス。この葉があるとな
いとでは全体の雰囲気がまるで変わってし
まうほど大きな存在だ。

FLOWERS エンドウ、オーニソガラム、カランコエ、
ケール、ゼラニウム、チューリップ、テマリソウ、ヒバ、
ミモザ、ムスカリ、ヤツデの実、ラケナリア

大きさも形も違う植物は、
それぞれの凹凸を活かすと
自然な厚みが出て生き生き
してくる。エンドウのピン
クの花は透けるように薄く、
まるで蝶々のようだ。

出始めの球根はまだ小さく
身がしまっている。この時
季のものが一番可愛い。鮮
やかで独特な雰囲気を放つ
ラケナリアやカランコエで
賑わいを添える。

022 | WREATH

スクエアリース

リボンが似合う変わり種の四角いリース。
束ねるだけで誰でも簡単につくれる。ブー
ケやスワッグのように一点で束ねずに、頭
を揃えて並べたり、上と下を交互に組んだ
りすることでデザインの幅が広がる。

FLOWERS アオモジ、グニユーカリ、コットンブッ
シュ、シロタエギク、ノバラの実、ヒバ・ブルーアイス、
ミモザ、メラレウカ、ラグラス

― how to make ≫ P.172

グリーンパーツはあえてランダムにつくると、飾ったときに動きが出て面白い。まとめて吊るせばスワッグのような表情に。

ミラクルガーランド

いろんなグリーンをつなげた細くて華奢なガーランド。パーツのようにバラでつくっておくと、一本ずつ壁に飾ったり、長くつなげてテーブルランナーにしたりと、空間に合わせて自在に楽しめる。

FLOWERS ピスタチア、ヘデラベリー、ユーカリフィシフォリア

パーツをつなげて輪っかのでき上がり。やさしい
ラインが好みなら土台のワイヤーは細く、ガッチ
リと丸くキメたければ太いワイヤーを芯にする。

長く一本につなげてさらりと垂らす。花材が増え
ると重くなってくるのでパーツはしっかりつなげ
ることがポイント。

029 | SWAG

森のシャンデリア

天井から大きなかごを吊るし、ゴシキカズ
ラを絡ませた。決まりごとはないので、丸
くコロンとさせてもいいし、細長く垂らし
てもいい。ランダムに不規則なほうが見る
側もつくる側も楽しい。

FLOWERS ゴシキカズラ

グリーンみの虫

みの虫のような飾り。そのままドライにな
る。ウーリーブッシュなどのボリュームが
出る緑を軸に細いワイヤーでつなげてどん
どん太らせ、好みの大きさになったら飾り
になる葉や実をグルーガンで足していく。

FLOWERS ウーリーブッシュ、キフジ、シースター、
ヒカゲカヅラ、ユーカリダレッグソニアーナ、ユーカ
リギンセカイ

クレッセント

両側から花材を加えた三日月形のスワッグ。
しっかりと真ん中を持ち、綺麗な流れだと
思う方向に左右のバランスを見ながらまと
めていく。花材が重くなるので組むときはテ
ーブルの上で。真ん中でぎゅっと結んで完成。

FLOWERS アルビフローラ、エリンジューム、コッ
トンブッシュ、バーゼリア、プルモーサム、ミモザ、ユ
ーカリギンセカイ、ユーカリフィシフォリア、ユーカ
リポポラス

ラウンドリース

スクエアリースの進化形。つくり方も同じ
で何本かを束ねてワイヤーでまとめている。
花材の種類は多ければ多いほど、細かい集
合体の美しさが際立つ。残ってしまった花
や葉を集めて束ねても立派なリースになる。

FLOWERS アストランティア、ウーリーブッシュ、
グンバイナズナ、コットンブッシュ、タタリカ、デイ
ジー、ニゲラの種、ニンジンの花、ハイブリッドスタ
ーチス、バラ、プチロータス、ブルーベリー、ラムズイ
ヤー

愛してやまない植物たち

【 ウバユリ 】
Heartleaf lily

花が咲くころに歯（葉）がなく、ぼろぼろになった様からウバユリ（姥百合）といわれる。上品なユリとは違い、虫食いの葉も野性味があふれている。豪快さがたまらない。

【 ネペンテス 】
Nepenthes

亜熱帯を連想させる、暑い季節の定番花材。形も模様も動物っぽいところが好き。ブーケにアレンジに文句なしのインパクト！ 誰でもワッと驚く。おまかせ注文のレギュラーだ。

【 クジャクヤシ 】
Toddy palm

ヤシの仲間。葉が羽を広げた孔雀のように見えることからこの名前がついたと聞く。なかなか入荷しない珍しい植物で、ここまで大きくてカッコいいものは初めて入った。

【 アスター 】
Aster

まん丸の小さな顔が誰からも愛される花。近年ボリュームが出てきてゴージャスな花の仲間入りをしているが、庶民的で陽気な可愛らしさは変わらない。店でも人気の花材だ。

こんな植物見たことない！ スタッフに販売禁止令を出しては
うっとり眺めてひとり占め。フラワーノリタケの不思議植物ミニ図鑑。

【 ノラニンジン 】

Wild carrot

ニンジンの花の仲間はいろいろな種類が流通している。どれ
も似ていて、花は半球状で、繊細なレース模様みたいな小さ
な小花が塊になっている。ここまで巨大なものは珍しい。

【 扇芭蕉 】

Traveller's tree

またの名を旅人の木。扇形の葉が見事で、葉柄に雨水を溜め
て旅人の喉を潤したことが由来という説も。写真は果実が熟
して種子が実る殻の部分。種はコバルトブルーで美しい。

【 月 桃 】

Shell ginger

ぷりっとした形のいい白い花がポップなピンク色で縁取られ
ている。規則正しく並んだ姿はまるで土産屋のおもちゃのよ
う。茎を切るとほんのり漂う香りに気持ちがゆるむ。

【 バンクシャバウエリ 】

Banksia baueri

このサイズ感にとにかく感動。まるで動物のカピバラみたい
だ。バンクシャは強烈な個性のものが多く、そのままの姿で
ドライフラワーになるのも嬉しい。オーストラリア原産。

植物と空間

LANTS & SPACES

花の存在感がその場所の空気を変える

春といえばチューリップ、初夏はケムリソウにアーティチョーク。夏はプロテアやクレマチス、バンクシャ、秋は野バラにサンキライの実。これらは装花の仕事で必ず使ってしまう常連花材。特にアーティチョークは別格で、あるとき生産者さんの畑に行ったら「好きなだけ持っていっていいよ」と言われたので、トラックいっぱい仕入れたことも。花束からアレンジ、活け込みまで、入る注文すべてにアーティチョークを入れていた。

装花で空間を飾るのと、一般家庭で花をあしらうのでは規模も花材の量も異なるが、空間に花がある、という意味では同じだ。家庭ではもちろん大掛かりな造作は難しい。けれどもそれぞれの場所に適した花の取り入れ方はある。たとえば、花を飾るスペースがなければ、壁に引っ掛けるところをつくって、そこに一輪だけ挿してみる。花が一輪あるだけで、空間の印象はがらりと変わる。本当だ。どっさり飾るなんて毎週はできないが、一輪だけなら長続きもする。何といっても一日ずつ変わる表情が面白い。

スカビオサだったら、首があがったり、さがったり。変化する姿を見ているだけでも癒される。

飾る花を選ぶ、という点では、四季のある日本ほど旬の花材をドラマチックに楽しめる国はないように思う。春の桜は最たるもので、食卓にほんのひと枝飾るだけで、あっという間にお花見気分だ。花吹雪の差こそあれ、外で桜を愛でるときと同じ気持ちにさせる力を持っている。桜すごい。

お気に入りのケムリソウも懐の深い花材だ。6月が旬で、実際に楽しめるのは2週間ほどしかないが、その限られた期間で粋なコラボレーションを見せてくれる。たとえば、サンキライとの出会い。この二つの花材が出会ったおかげで、思いもよらぬ不思議な空間をつくり上げることができた。

花と花とのめぐり合わせは一事が万事、こんな調子。選んでいるわけではない、向こうからやってくる。植物どうしが勝手に出会い、自分はそこに偶然、居合わせたにすぎない。運を天に任せて、という言葉があるが、まさに美しさは植物に任せて、なのだ。

豪快で見事な桜吹雪も、一つひとつの花はとても小さく、手のひらにのせてみると可憐で可愛らしい。その繊細な美しさを器に盛って味わいたい。

花びら一枚でさまざまな情景が浮かぶ。見る人の角度でそれぞれに良さがある。
あえて何もせずそのままで、素直に散った花びらを愛でてみる。

春の宴は桜ざんまい
テーブルにも、床にも
ひらり、ひらりと
花吹雪が舞い落ちる

思う存分桜を楽しむわけだから、手にあたってしまうとか、
食事のお皿に入ってしまうとか、小さなことは気にしない。
触れてみて、香りを感じてほしい。

日本が美しいといわれるのは四季のある風土だからではないだろうか。春の桜は誰もが知るところで、その美しさは長くは続かない潔さでもある。その一瞬を室内でも思う存分楽しみたいと、テーブルの上に花吹雪が舞う桜を飾った。家族や親しい友人と美味しい食事を共にしながら、桜の話に文字通り、花が咲く。ゴツゴツとした力強い木々の中に、こんなにも優しい色を蓄え、静かに寒い冬を耐えているからこそ、花びらの淡いピンクが一層引き立ち、なによりも美しいものになっているのだろう。

FLOWERS シダレザクラ

一本の木に多世代の命が集まり咲いていると聞いたことがある。ゴツゴツとした根元の年老いたところから枝先の若葉まで、いろいろな世代が見えるからこそ、桜の木の下では時間を忘れて思いを馳せることができるのかと思う。

ヒメリンゴにノバラの実
シロタエギクにラムズイヤー
落ち着いた色合いが
古道具によく似合う

クリスマスの定番である赤と緑のテーブルは、花ものを入れると甘くなりすぎたり、色合いによっては子どもっぽくなってしまう。シックにまとめるなら、ヒメリンゴやノバラの実、テイカカズラがちょうどいい。ホワイトクリスマスならシルバーリーフがおすすめだ。ヒメリンゴを並べたのはバゲットのためにつくられた長いかご。生活のなかで使われてきた古い器や道具たちが植物と結びつくと、なんて美しいのだろうか。シンプルなあしらいは、いつだって昔のものの持つ力に助けられている。

ドライになったノバラの実は水の中に入れると息を吹き返したように瑞々しく生まれ変わる。雨の恩恵を受けて植物も育つので、水との相性はとてもいい。まるでガラスの中の小さな宇宙だ。

FLOWERS （赤と緑テーブル）テイカカズラ、ノバラの実、ヒメリンゴ、マツカサ（白と緑のテーブル）オリーブの葉、サンシュユ、シロタエギク、ハイブリッドスターチス、ユズ、ラムズイヤー

上・シルバーリーフと黄色いユズはとてもお似合い。こういうときの黄色はクリスマスカラーの一つである金色の輝きに近い。

下・ゴージャスな華やかさは出ないが、洗練された美しさがある、シロタエギクとラムズイヤーのミニリース。土台は小さなブロックにした吸水性スポンジだからバラしても置ける。ブロックのままでカードを添えたり、ガラス瓶を立たせて一輪挿しにしたり。たとえ模様や形が違っても、色のトーンを揃えるとすべてがしっくり調和する。

枝垂れるホヤの葉と
カラフルな一輪挿しの
さわやかコラボレーション

大きなバスケットはインドの買い物かご。ヤシの仲間の植物でしっかり編まれた風貌は、大らかで頼りがいがある。元々両サイドに持ち手がついていたが、破損したので取り払い、片面に紐を通して壁掛けとなった。かごから長い蔓を伸ばしているのはホヤ・カルノーサ、和名はサクララン。肉厚でぼってりとした葉が可愛い。蔓はグングンと伸び、そのうち星形の花が咲く。格好よく枝垂れた蔓は、カラフルな一輪挿しまでその先を届かせる。まるで花たちと一緒に遊びたがっているかのようだ。

上・ホヤの茎に小さな蕾がついている。もうしばらくしたら葉と同じく肉厚で、蝋を塗ったように艶のある星形の花が半球状に集まって咲く。
中・デルフィニウムのラウリンは朱紅の花が珍しく、目を引く明るさだ。形は小人が被る帽子のようで、少しだけ入った緑色が模様のよう。なかなか凝ったつくりなのが気に入っている。
下・黄色の花は主張が強いという印象だが、クルクルと適当に丸を描いたようなマトリカリアはなぜか微笑んでしまう可愛さがある。どこかほっとする空気が漂うのはこの花の長所ではないだろうか。

FLOWERS クガイソウ、デルフィニウムラウリン、ホヤ、マツムシソウ、マトリカリア

上・サラサウツギはウツギの仲間で八重咲き種。花弁の外側がピンク色で一斉に咲く姿はとても美しい。八重咲きなのに楚々とした控えめな雰囲気が好き。
下・名前はハタザオキキョウと古風だが、ベルが一列に並んだような姿は洒落ている。和洋どちらのアレンジに混ぜても上手く立ち振る舞って、和洋折衷な雰囲気に仕上げてくれる。

初夏から秋は一年で一番気持ちがいい季節。さわやかな風が抜ける場所を見つけたら、長椅子を持ち出してこんなふうに座るだろう。梅雨どきは甘酸っぱいスモモを好きなだけほおばって、真夏は水分たっぷりのスイカにかぶりつく。秋になったら虫の音に耳を傾けながらサンマの塩焼きを食べようか。長椅子の下を覗き込むと、ケムリソウやアジサイが光と影の中であいまいな色を見せている。間違いなく特等席だが、その世界をつくり出しているのは、道端に当たり前に咲いている草花たちだ。

丸い座布団は1920年代以前のフランスのアンティークリネンシーツからつくったもの。灰色がかった白は手織りならではの生地の風合いで、素朴な長椅子とよく似合う。

ヒバの葉を敷きつめた
とっておき空間。
長椅子の周りに
幻想的な世界が広がる

天井にぽっかり浮かぶ
ケムリソウの雲。
ムクムク、モクモク
イマジネーションを
掻き立てる

ケムリソウ、またの名をスモークツリー。まるで木全体に煙がかかったような姿が名前の由来。赤や淡いピンクのグラデーションも美しく、晩秋には葉も銅色に色づいて紅葉も楽しめる。

FLOWERS ケムリソウ、サンキライ、ハイブリッドスターチス、ブラックベリー

とにかくモコモコで触り心地はわたのよう。造形の神様がどうしてこのようなものをおつくりになったのか？ケムリソウはじつに奇怪な生物だ。天井からふわりと吊るしてみると、晴天にぽっかり浮かぶ雲のようでもあり、小惑星のようでもある。風変わりな世界ができ上がった。青々としたサンキライとかごに盛られたブラックベリーが愛らしい実を踊らせている。みんなで仲良くワイワイとパーティーが始まるのか、いやいや、不思議な木陰で読書するひだまりの休日だろう。どっちでもいい。

花弁が何重にも重なった状態で咲くボタンザクラは、まるで完璧なつくりものみたいだ。気取らない華やかさの中に静けさを感じさせるあたりが、日本人に愛されてきた理由なのかもしれない。

ボタンザクラに
シダレザクラ
ひと枝ずつ、ひと花ずつ
伸び伸びと活けて
賑やかに

古い器や小物を陳列している棚に桜を飾ってみた。さまざまな形をしたガラス瓶に枝を挿したり、花びらを浮かべたり。悠々と枝を伸ばしているのはシダレザクラ。このスケールの大きさは他の桜には真似できない。ほんのりとピンク一色の花を咲かせたソメイヨシノは、優雅な桜の代表格。開花も長く、満開時には純白になって夜桜も楽しめる。ふくよかな花弁を自慢げに見せているのはボタンザクラだ。桜アパートの住人はもちろん桜だけだが、それぞれに個性があるところは人間と変わらない。

花弁を浮かべるだけで水が浄化されたような気持ちになる。散ってしまっても文句なしに美しい花弁を最後まで目に焼きつける。

FLOWERS シダレザクラ、ソメイヨシノ、ボタンザクラ

お気に入りの花園には
アーチもなければ、バラもない。
好きな花が思いのままに咲いている
気取りのない田舎の畑みたいに

流れのいい大きな枝がちょうど入荷したので、その周りに好きな花を集める。フランスの田舎でおばあちゃんがつくっている畑のようなイメージで。ピンクや赤系の花はあまり入れていないので派手さはないが、大地の恵みと愛情をたっぷり受けた健康的な花園ができ上がった。なかでもお気に入りはニンジンの花を巨大化したようなノラニンジン。キャロットソバージュともいわれ、花は顔よりも大きくなる。しぼんで種がついたユニークな姿はひと際高くして花園へ。このシルエット、たまらない。

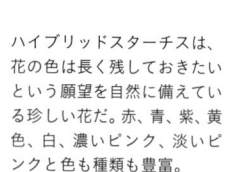

ピンクレースフラワーは、可愛い花びらが蝋燭の明かりのようにポッと開花する。微毛に覆われた触感はビロードのよう。見た目より動物的な感じがする魅力的な花だ。

ハイブリッドスターチスは、花の色は長く残しておきたいという願望を自然に備えている珍しい花だ。赤、青、紫、黄色、白、濃いピンク、淡いピンクと色も種類も豊富。

FLOWERS アキレア、アジサイアナベル、アセビ、エルムレス、グロリオサルテア、コバノズイナ、シロタエギク、チドリソウ、デルフィニウム、ニンジンの花、ノラニンジン、ハイブリッドスターチス、ヒメミズキ、ピンクレースフラワー

ふわふわした白いスカートをまとった
ニンジンの花。妖精のように飛び跳ね
る姿で人を惹きつける。チドリソウの
深い青色は決して明るくはないが、全
体のアクセントカラーになっている。

上・森の魔法使いが持っているステッ
キみたいなエルムレス。振り回したら
カボチャも馬車になりそう。号令をか
けたように下から順番に咲いてくれる。
右・デルフィニウムは印象的な寒色の
持ち主だ。深海から澄み渡る空の色ま
で想像が膨らんでしまう。抽象的な花
色の中に投じると全体が不思議と引き
締まり、青い色がさらに強くなる。

ここ数年アーティチョークの種類が増えてきた。とんがったものや丸いものなど、大きなカッコいいものが入るようになって嬉しい。

映画『アバター』で見た森の記憶を辿りながら、この世のものとは思えない植物の楽園を表現した。赤いヘリコニア、ストライプが美しいカラテアホワイトスター、紫花のアーティチョーク。個性豊かな植物たちがおもちゃ箱をひっくり返したみたいに雑然とひしめき、くるりと丸くなったファンパームが明暗のコントラストを強くする。深い緑に鮮やかな花色が溶け込むと、陽気な音やリズムが聞こえ始め、こうなるともう何を入れても合わない花なんてないような気さえしてくる。理想郷なのだ。

上・シュベリティは球根植物。先の細い部分まで綺麗にドライフラワーになる。ぶら下げるとランプのような美しいシルエットが楽しめる。右・くるんと折り曲がって乾燥したファンパーム。入荷したては鮮明な美しい緑色で開いた扇子みたい。葉が丈夫なので、昔は風呂敷のように食べ物を包み込む用途もあったという。

FLOWERS アスナロ、アスパラスプリングゲーリー、アジサイ、アーティチョーク、アマランサス、アリウム、アンスリューム、カラテアホワイトスター、シュベリティ、ヒノキ、ヒバ、ファンパーム、フジヅル、ヘリコニア

植物のパラダイス
独特な形の藤蔓に
個性豊かな南国の花が踊る

まん丸なピンクの玉はネギ科
のアリウム。食用のネギやニ
ンニクも同じ種類で、よく似
た花をつける。ファンパーム
は乾燥するとひだが際立つ。
ごく自然に仕上がったドレー
プは圧倒的に美しい。

花とアンティーク

FLOWERS & ANTIQUES

生活のなかの雑器に活ける喜び

この章は、美しい手工芸と暮らしのサイト「つくりら」での連載、「花とアンティークと」をまとめたもの。古い雑器を使った花活けやアレンジメントの提案を、一年を通じて行った。スタイリングと撮影、文章は、アンティークと雑貨を扱う「Tisane infusion」を営む妻の有里が担当した。

彼女が店を始めたのは、日本ではいわゆる花瓶しかなかったころ。生活雑器に花を活ける、などという発想も、実践している人もあまり見かけなかった時代だ。当時、二人でよく、花を活けたら素敵だと思う雑器を探しに出かけた。フランスやモロッコなど、旅先で出会うすべてのものに心を動かされ、気に入ったものを買い集め、店が生まれたのだ。

今でも仕入れを兼ねて二人で海外へ足を運ぶが、旅先でいろんなものを見ても、自分と彼女の目線は違う。ああ、こういうものもあるんだ、と、その度に新鮮で、ものを見る目が養われていく。

「花とアンティークと」では、古今東西、さまざまな古いものが登場した。イギリスの生活雑器であるス

トーンウェア、フランス・ノルマンディー地方の陶器、キュノワール、明治時代の蕎麦猪口に白い古伊万里など、和洋問わず、年代問わず。

古いものの良さを一言で言い表すことは難しいが、人の手でつくられていることも理由の一つ、と有里は言う。時代も国もわからないような雑器でも、なぜか心惹かれるものがあるのだと。特別な日ではなく、毎日の暮らしのなかで使われてきたものが、美しくないわけがないと。

食器やガラス瓶、買い物かごなど、どんなものでも花を活ける器になる。それが古いものであれば、空間に温かみが加わり、花をいっそう美しく引き立ててくれる。道端の草花を活けた一輪挿しでも、その存在感にびっくりするほどだ。

古いものは、さまざまな時代をくぐり抜けてきたぶんだけ、どんな花でも愛情深く受けとめてくれる度量があるように思う。お正月にひな祭り、ハロウィンにクリスマスなど、年間行事の花活けも古い雑器を使ってみると、新鮮な発見があるはずだ。

お正月
New Year

松ではなく、あえて藁を主役に

お正月になると必ず使う定番の花材は何といっても松です。これさえドーンと入っていればお正月花として安心なのですが、あえて脇役に徹してもらい、藁を主役に。

稲穂はお正月飾りでおなじみの花材ですが、穂がついていない藁は主にしめ縄用。花材としては注目していなかったものの、たまたま藁を三つ編みに編んだものを店に飾っていたら、「藁も綺麗なのでしめ縄だけではもったいない」という生産者の方の声を聞き、何か形にできないかと考えたのがこちらです。

サックリとまとめただけですが、素朴さの中に華やかさを秘めた女優のようで、とても健気ないい演技をしてくれるのです。一房の赤い南天の実やほんの少しの松の緑さえも引き立ててくれます。

ガラス瓶には水を入れて葉つきの金柑を浮かべました。生花はそのまま飾るのが一番ですが、葉や実は、水を入れたガラス瓶に入れると面白く映え、ひと味違う表情を楽しむことができます。

南天の実をのせた入れ物は韓国の古い高台。和の雰囲気にもなじみます。左右のボールは籐で編んだセパタクローという東南アジアのボールゲームの玉。

FLOWERS A スイセン、B オタフクナンテン、C ナンテンの実、D アストランティア、E シンビジュウム、F ゴヨウマツ、G クロマイ、H ツバキの葉、I キク

arrange.1

漆膳に丼茶碗をのせて 短い茎でできる即席アレンジ

小さいながらも漆膳にのせると特別感が出ます。吸水性スポンジを器の半分くらいの高さにカットして置き、後は隙間なく花と葉と実をバランス良く挿していくだけ。大きな花と葉から順に挿していくのがコツ。

arrange.2

松と南天の実もゼリー型ですっきりと

凛とした白い陶器やガラス製など、ゼリー型にはさまざまな種類があります。こちらは真っ白い肌にプリーツのようなヒダがあるもの。シンプルでシルエットが美しいので、和の漆膳に合わせてもとてもしっくりきます。

arrange.3

不老不死のシンボルで新年の幕開けを

古来より縁起の良い植物として重宝されてきた大王松。冬でも枯れずに長く生きるところから長寿の象徴となっているそう。柳行李の道具入れに敷き詰めて贈り物に。開けたら少しだけ切って水をあげるのを忘れずに。

part-2

月 エンドウとワスレナグサ

Peas and Forget-me-nots

初ものどうしの貴重なコラボレーション

お正月の花が終わりを告げると、花屋の店頭は一気に春めきます。黄色から始まり、色とりどりの切り花が顔を揃え、店内は俄然、賑やかに。その中でも北欧のテキスタイルのモチーフみたいに、綺麗に丸くハサミで切り取られたようなエンドウの葉は潤二さんのお気に入りです。

"糸"がこんがらがって、そのまま葉先に縫いつけてしまったようなユニークな姿、これは他の切り花には到底真似できません。

柔らかい茎はデリケートな素材ですが、この時季にしか出会えない貴重なもの。サラダのようにボウルにまとめると、初ものを目でいただく嬉しさがこみあげてきます。

アレンジメントはとっても簡単。巻き毛のようなクルクルとした蔓が飛び出すくらいの高さに切り揃えて、水を張ったボウルに活けるだけです。差し色にはこちらもこの時季にしか入荷しないワスレナグサの青を入れます。エンドウの花は蝶が舞っているみたい！春先の貴重なコラボレーションです。

FLOWERS A ワスレナグサ、B アカエンドウ

arrange.1

**ジャグセットの洗面器に
コデマリの枝を浮かべる**

白い陶器のボウルは1920年代フランス、サルグミンヌ窯のジャグセットで実はお洒落な洗面器。花や葉は少しだけにすると水面も美しく楽しめます。コデマリの枝を丸めましたが、花弁だけを浮かべても綺麗です。

arrange.2

**小さな譜面をちりばめた
初春のテーブルアレンジ**

エンドウやワスレナグサを散らして、春の足音が聞こえてきそうなテーブルをつくってみました。"足音を奏でる"のは小さな譜面。楽器の先端にこの譜面を装着して演奏したそう。思わずこちらまで口ずさんでしまいます。

arrange.3

**昭和初期の古い引き出しに
春の草花をのぞかせて**

春を待ちきれなくて土の中から思わず顔を出した——そんなイメージで彩りよく小花を飾りました。クリスマスローズ、ビオラ、ラケナリア、ピンクのツルバキア、ワスレナグサ、ミモザと春の草花が大集合です。

JANUARY
FEBRUARY
MARCH
APRIL
MAY
JUNE
JULY
AUGUST
SEPTEMBER
OCTOBER
NOVEMBER
DECEMBER

2月
part-1

ミモザ
Mimosas

万能グリーンと存在感のある黄色の花

ミモザは11月頃から花市場で出回ります。まだまだ固くギュッと引き締まった蕾がついた枝が人気です。シルバーを少し混ぜたようなマットな緑色の葉は、何にでも合わせられる万能なグリーンです。

1本でも存在感のあるミモザ。華やかな花束やアレンジには大変人気がありますが、使い方によってはすべてミモザカラーになってしまうこともあるので気をつけて。

お料理でいうと隠し味ぐらいに少しだけ、入れる分量に気をつけるとと

の花とも喧嘩せずにまとまります。大胆に使いたいときは、潔くミモザだけでシンプルに花束にするのが一番似合うような気がします。

上の写真はミモザを小さくラフに丸めただけのリース。コットンのリボンもミモザ色に染めてあります。リースに添えたのは押し花の標本につけられたタグ。文字がフランス語で達筆なので、合わせても違和感がありません。ギフトにするときは、さらりと筆記体でメッセージを添えてみてはいかがですか？

フランスの押し花標本。100年200年経った紙の表情さえも美しい。余白の部分にリースを置いたり、細かい葉や花を飾ったりと、いろいろと楽しめます。

arrange.1

早春の花摘みを楽しむように
かごいっぱいに花をつめて

この時季は、エンドウのグリーン、球根類、ビオラに真っ黄色なミモザなど、たくさんの花が豊富に出始めます。家にあるかごをたくさん集めて、花を摘んできたように飾ってみてはいかがですか？ ウズラの卵も忍ばせて。

FLOWERS

右： A ラナンキュラス、B ミモザ、C エンドウ、D チューリップ、E クリスマスローズ、F オンシジューム、G ゼラニウム、H アルストロメリア

左： A ヤツデの実、B トルコキキョウ、C グニユーカリ、D ムスカリ、E・K クリスマスローズ、F ポリクロマ、G ウズラの卵、H ミモザ、I エケベリア、J エンドウ、L ラナンキュラスモロッコ、M コアニー、N ビオラ

小さなスタイリングアイデア ミモザ色の生活道具を集めて春色ディスプレイ ───

つぎはぎされたインドのキルト、白い菊模様の白木の高台、淡路島の鮮やかな珉平焼、ウコン染めの古布など、ミモザ色をあれこれ集めて。

指の爪ほどの小さなガラス瓶も水を入れて花を挿すだけで可愛らしい花器に早変わり。一輪ずつ挿して並べたらおもてなしテーブルにも。

2月 part-2 チューリップ
Tulips

躍動感あふれる姿でインテリアにも大活躍

立春をすぎると、寒い冬日のなかにもちらほらと暖かい日が顔を出すようになります。この時季、フラワーノリタケで日に日に存在感を増していくのが、チューリップ。よりどりみどり、個性的な面々がやってきます。上の写真のチューリップはフレミングパロット。鳥のようにしなやかな首の美しさを活かして曲線も自由自在。陶器よりガラスの器のほうがその自慢の首、いえ、茎を十分愛でることができます。

水をたっぷり入れているので、暖かい部屋の場合は、夜には涼しい部屋に移すことをおすすめします。

このフレミングパロットは花器のみならず、その躍動感あふれる姿を活かして、インテリアの飾りつけにも大活躍！鏡やドアなどのフレームの一部分を飾るだけでもぱっと空間が華やぎ、お祝いの席やパーティー会場を変身させます。とにかく他のとの花より存在感があり、一度見たら忘れられない印象です。

実際に鏡に飾ってみました。すごいインパクトだと思いませんか？

てっぺんからフレミングパロットを枝垂れるように配置。大きく立派な葉がリボンのよう。葉の集まる部分の裏側に小さなピックを入れて吸水させています。

arrange.1

白いフレミングパロットは
テーブルコーディネートに

同じフレミングパロットでも、こちら
は清楚な白。口の部分が綺麗に外側に
カールしています。明るい白色は何に
でも合わせられるので、テーブルセッ
ティングにもおすすめ。写真の器は底
の浅い陶製チュリーンです。

arrange.2

形違いの紫色の瓶に
同系色を一輪ずつ活ける

チューリップの賑やかさは同系色だけ
でも十分伝わってくるので、2、3種類
でまとめるとお部屋にしっくりなじみ
ます。ボトルはアメリカの化粧瓶。年
代はさほど古くないのですが、紫色が
珍しくて集めています。

小さなスタイリングアイデア **チューリップのフォルムが楽しめる横置き**

紫のボトルはふだんは横に寝かせてドライフラワーを入れて
います。チューリップも横置きすると絵画のよう。一瞬の楽
しみなので写真を撮ったら水に戻してあげて。

お気に入りのチューリップ一輪とチョコレート。バレンタイ
ンにはお手紙を添えてテーブルの上にそっと置いてみてはい
かがですか？

3月 ひな祭り

The Girl's Festival

まっすぐな桃と丸いキャベツの共演

梅・桃・桜は春の枝もの三姉妹。年の始まりをしっかり告げてくれる梅は長女です。末娘の桜は、姉たちの良いところをしっかり見届けて素晴らしい花を咲かせてくれます。次女の桃は何も考えていないようで、なかなかのしっかり者。春到来の鐘を鳴らしてくれます。

生き物たちが新しい季節を感じて動き出すタイミングはまちまちですが、桃が咲き出すともうゆっくりはできません。春の幕開けです。スタートラインに立たなければ！

桃の花に合わせたのは、ちりめんのようなサボイキャベツ。キャベツなのに彫りが深く、編み目模様の独特な容姿に一目惚れした素材です。旬の時季にしか出回らない野菜には、こんなふうに面白い顔もちらほら。農協では地元で育てたユニークなものを販売しているので、ときとき足を運んでいます。

上の写真はキャベツの葉を花器にして桃を活けたもの。まっすぐな桃の線と丸いキャベツの曲線で楽しい空間ができ上がりました。

3枚の葉を自然の形を活かして丸くなるよう、紙の水引でクリクリと巻いて形を整えています。空いた隙間に小瓶を忍ばせて水を入れれば立派な器に。

arrange.1

お弁当箱に一つだけ
花箱を忍ばせるサプライズ

菜の花が出回る季節には、敷きつめる
花材として菜の花を使えば、他の花材
をそれほど入れなくてもボリューム満
点の可愛いボックスアレンジができ上
がります。お弁当の中に一つ花箱を忍
ばせるなんて粋だと思いませんか？

arrange.2

切り花が終わりに近づいたら
花びらだけをディスプレイ

茎が折れてしまったり、花や葉の勢い
がなくなってしまったときは、まだ綺
麗な部分だけを摘み取って飾らせても
らいます。一日だけの花ですが、その
輝きは格別で、お客様の目を釘付けに
して楽しませてくれます。

arrange.3

金平糖のような桃の蕾を
灯明具の油小皿と合わせて

桃の枝はしっかり力強いので、なかな
か柔らかい雰囲気を出すのが難しい花
材。それでも丸い蕾は金平糖のように
愛らしい形なので、渋い器の表情を和
らげてくれます。綺麗な和菓子を置く
イメージが浮かんでくるようです。

JANUARY
FEBRUARY
MARCH
APRIL
MAY
JUNE
JULY
AUGUST
SEPTEMBER
OCTOBER
NOVEMBER
DECEMBER

ラフに挿せるガラス瓶で枝ぶりを愛でる

日本の桜は9種類が基本になり、そこから変種を合わせると100種類以上の桜が自生しているそうです。花屋さんで扱う桜はほんの一握り。まだ寒い早春に一番乗りでフラワーノリタケにやってきた桜は、濃い桃色が美しい寒緋桜と薄紅色が可愛らしい啓翁桜。寒緋桜は桜の原種の一つで、釣り鐘状の花が特徴です。啓翁桜は固い蕾のまま寒い山形から運ばれてくる桜。膨らむまでしばらく時間がかかりますが、だんだんと膨らむ蕾に合わせて、春の訪れが刻一刻と近づいてくるようです。2種類の桜を大小のガラス瓶に活けます。大きなものはフランスの保存瓶。口が広いので大ぶりな枝をカッコよく飾るときに重宝します。せっかく背丈がある枝は瓶のサイズ以上に長さを残すと躍動感あふれる雰囲気に。ラベルがアクセントのドイツの薬瓶は口が狭いので、華奢な枝や切り花の一輪を活けるのに便利。こちらも枝は長めにします。

花器をつい迷ってしまう花材も瓶だと気軽に飾れます。

陶器のボトルに活けてみました。一本で楽しむときは少し動きがある枝を選ぶと面白い空間が生まれます。下の写真は昔イギリスで使われていた湯たんぽです。

arrange.1

リネンの大きなシーツを
スモールスペースの花台に

カーテンのように壁から吊るしたのはリネンの大きなシーツ。ギュッとリボンで結び、その中に小瓶を吊るして河津桜を挿し込みました。花器を置くテーブルや棚がない、といった場合に使えそうなアイデアです。

arrange.2

お手製フラワーベースと
メッセージでおもてなし

防災サイトで「新聞紙でスリッパを作る」という記事を見て、ラッピング用紙でつくってみました。ポケットは足先を入れる部分です。桜ひと枝に気持ちを伝える短いメッセージを添えて、ささやかな贈り物にいかがですか?

arrange.3

紙袋×お気に入りリボンで
スタンドブーケを手づくり

花瓶に入れ替えずにそのまま飾っていただけるブーケです。家で眠っている紙袋の中にガラスのコップを忍ばせ包みました。アクセントにお洒落なリボンとメッセージカードを添えれば、可愛さ倍増です。

5月 ^{part-1} スズラン
Lilies of the Valley

芳しい香りとともに贈る幸せの花

フランスでは5月1日は「スズラン（ミュゲ）の日（Jour de muguet）」。愛する人や友人にスズランを贈る習慣があり、受け取った人には幸運が訪れるといわれています。この風習の発端は16世紀。スズランの花束を受け取り、とても喜んだフランス王シャルル9世は、それから宮廷の女性たちに毎年スズランを贈ることになったそう。一般の人々の間にこの風習が広まったのは、19世紀末ごろからのようです。

フランスで人気になったスズランですが、原種は日本原産の多年草。現在主流のものは、数百年前に欧州に渡って栽培されるようになったドイツスズランという種類で、日本古来のものより香りが強いのが特徴です。そんな芳しいスズランは、バラ、ジャスミンと並んで三大フローラルノート（花香調）。でも、スズランからはほとんど香り成分が採れないそう。技術が進歩しているのに採取することが難しく、誰にも真似できない香りを持っているなんて、スズランの神秘に惹かれてしまいます。

幅広のケープコートに身を包み、まっすぐ伸びた"美脚"が自慢のスズラン。お皿に水を張って並べても綺麗です。茎の先を少し切ってから水に入れます。

arrange.1

似て非なる白い花
スノーフレーク

スズランはキジカクシ科、鈴蘭水仙という和名を持つスノーフレークはヒガンバナ科で違う種類。うつむいて咲く姿はそっくりですが、花弁に緑色の水玉模様があります。オリーブとローズマリーの葉で束ねてブーケを。

arrange.2

下向きに咲く花がつながる
可愛らしい花冠

草花の花冠も一緒に贈ったという説もあるスズランの日。長い茎を持つスノーフレークで花冠をつくりました。花は一本に二、三輪ついているので、花の下に新しい花を置いて、茎と茎をワイヤーでクルクル巻きます。

小さなスタイリングアイデア　**スノーフレークのミニブーケ**

ライラックやヤグルマソウなど、旬の生花と一緒に束ねた小さなブーケ。メインのギフトを渡すときに生花を添えるといっそう気持ちが伝わります。

小さな花束はお皿に飾っても。ぽってりしたお皿は18世紀以降にノルマンディー地方を中心とした地域で制作された陶器、キュノワールです。

生活雑器と合わせて優しい表情を引き出す

バラといえば舞台では主役のイメージ。一輪でも姿勢のいい優美な花姿で、誰もがハッと目を惹く気品が漂います。素朴な草花があふれるフラワーノリタケでは、バラもゴージャス感をひそめ、カントリーサイドから摘み取ってきたような優しい表情。生活雑器が似合いそうです。

上の写真の花器は1900年頃イギリスで使われたストーンウェア。ミキシングボウルやジャム瓶、ビアーボトルはしっかりとした重みのある頼もしい器です。その色になじむよう、モッコウバラをはじめイエロー系のバラを集めました。中央のミキシングボウルには八重咲きの珍しい緑色のラディッシュが入っています。

口の広いジャム瓶は何本か入れた方が綺麗にまとまります。長く美しい茎はなるべくそのままで。低めのものを少し混ぜると高低差ができてバランスがよくなります。モッコウバラはラインを活かして伸び伸びと飾ることがポイントです。

家族が集まる温かい場所にとても良く似合うと思いませんか？

FLOWERS A・F モッコウバラ、B キャラメルアンティーク、C ラディッシュ、D マイラズローズ、E ベビーロマンティカ

arrange.1

ピンクのバラに
ピンクを集めたブーケ

存在感があるピンクのバラはイヴピア
ッツェ。ふわふわしているのは大好き
な花、ケムリソウ、小さなベル型の花
はベルテッセン、丸い小花はアストラ
ンティアです。よく見るとツンツン頭
の元気印、モナルダも入っています。

arrange.2

ミニバラは切り花でなく
鉢物で楽しむ

大きくならないミニバラは鉢物を使い
ます。プラスチック製の鉢が見えては
味気ないので、パンをこねる大きな木
の器を鉢カバーにして飾りました。切
り花より長く楽しめ、翌年も花を咲か
せてくれるので、おすすめです。

小さなスタイリングアイデア 　花びらと葉のテーブルアクセサリー

散り際の花や葉に草花を少しだけ足して、テーブルの上に広
げたらとてもフォトジェニックに。葉脈の凹凸が面白く、写
真映えする1シーンになりました。

バラの花びらをお皿の上に散らして美味しいジャムや季節の
ドリンクをのせてみました。テーブルの上にふんわりとやさ
しい香りが広がります。

6月 アジサイ
Hydrangeas

美しい色のドラマを見せてくれる雨の花

旬のアジサイをこんもりと活けているのは古いベビーバス、赤ちゃんを入れていたお風呂です。1930年〜1940年代のもので、イギリスから送られてきました。このベビーバスはまたとないお役立ちアイテムで、植木鉢を入れたり、水を張って花びらを浮かべたりと重宝しています。アジサイと一緒に活けているのはサンキライ。秋から冬に可愛い赤い実が鈴なりになりますが、この時季は瑞々しい緑色の葉と実が花束やアレンジに入ります。

雨の花とも呼ばれるアジサイはとても水分の多い花。それだけに水揚げが悪いとすぐにしぼんでしまいます。少しでも長持ちさせるためには、茎の中の白いわたの部分を取り除いて、水の吸い上げがよくなるようにします。フラワーノリタケでは切り口を炙る方法で水揚げをよくしています。花や葉を濡れた新聞紙で包んでおき、切り口から2cmほどを炭化するまで焼く方法です。他にも湯揚げなど、さまざまな工夫を日々模索。毎日水を替えることも大切です。

乾燥させたアジサイ。花びらは縮みますが、青色はそのままです。ガラス瓶で飾ったり、エッセンシャルオイルを振りかければ香りも楽しめます。

arrange.1

飾りながら美しい
ドライフラワーにする方法

切り花のアジサイは少しだけ元気なうちに水から取り出して細い糸やワイヤーで吊り下げておくと、綺麗なドライフラワーになります。花びらは広がった状態のままではなく、縮んでしまいますが、青い色はしっかり残ります。

arrange.2

床置きアレンジは
立食パーティーにおすすめ

限られたスペースでたくさん飾りたいときは、テーブル下に並べてみませんか？ テーブル上だと圧迫感を感じる量でも足元だとあまり気になりません。立食パーティーなどでは手軽な装花としても役立つアイデアです。

[小さなスタイリングアイデア] # 小分けしたアジサイのおしゃれな飾り方

吸水性スポンジにアジサイを挿してラップでくるみ、布や紙で包んだら小物と一緒にディスプレイ。限られたスペースだと上手にまとまります。

古い包み紙に小さな試験管を留めてアジサイを一輪挿しに。茶色に変化して濃淡のある紙色や鉛筆で走り書きされた文字も、花と一緒に飾ると味わい深いものに。

7月 ガラスの器
Glass Vessels

カラフルにもシックにも一輪挿しを楽しむ

涼しさを感じるガラスものを集めてみました。古いガラスは透明感が鈍いですが、それがまた味わい深く、花の美しさをさらに引き立ててくれるように思います。

同じ器を使って異なる雰囲気のアレンジメントを2種類つくってみました。一つめのアレンジが上の写真。虫たちにも人気のアクセントカラー、黄色い花を入れました。

肉厚な花弁のタケシマユリ、黄色い星形の花の集まったクサレダマ、まん丸でユニークなアリウムも仲間入り。しっくりとまとまった色の中に差し色となる涼しげな水色のデルフィニウムを加えました。

一輪挿しで遊ぶときは、あまり細かいことは気にせず、ポンポンポンと気持ちの向くまま直感で器に入れるのがポイントです。

長いものはなるべくそのままで活けられるように大きな瓶に入れます。花の向きと茎のラインは花を入れた後で器ごと動かして。なるべくお互いがきちんと見える場所に置けば綺麗にまとまります。

FLOWERS A エキナセア、B クサレダマの葉、C カラー、D タケシマユリ、E アリウム、F デルフィニウム、G クサレダマ、H セルリア

arrange.1

色のトーンを合わせると まとまった雰囲気に

さわやかな白い花をメインにしたアレンジです。大きな花材は大きな瓶に、茎が長いものはなるべく美しくラインを残してあげて。別の色の花を一つ入れてあげると、華やかさがポッと浮き出るような気がします。

FLOWERS A クガイソウ、B アガパンサス、C ブッドレア、D サンキライ、E クレマチスの種、F スイートピー、G エノコログサ、H アリウム

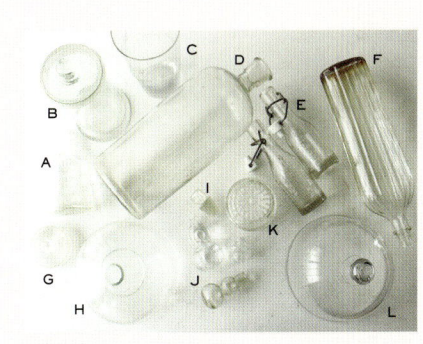

VESSELS A 三角形のボトルのハーブ薬瓶（フランス）、B 保存瓶（日本）、C ガラス花器（日本）、D 大きな保存瓶（フランス）、E 白いふたつき飲料水瓶（インド）、F ビネガーオイル瓶（フランス）、G 保存瓶のふた、H 昭和初期ハエ取り（日本）、I 保存瓶のふた、J ひょうたん型ガラス瓶（日本）、K ニッキ水瓶（日本）、L ガラスフードカバー（ベルギー）

arrange.2

水中にグリーンを入れた 涼やかなインテリア小物

大きな保存瓶に蔓性のツキヌキニンドウを入れました。水中に入れると傷みも早いですが、毎日水替えすれば日持ちします。道端の雑草の蔓をいただき、ワインやジュースの瓶に入れたら涼を感じるインテリア小物に変身！

8月 青い花、青い器

Blue Flowers, Blue Vessels

蕎麦猪口に青紫の花色が映える

夏らしく青いものというテーマで選んだのは蕎麦猪口。立体面に手で刷り込んでいく印判の染付は、明治生まれの器です。精巧につくられた現代の器より小紋柄や粋な柄が豊富で、手描きのものは伸びやかで自由。一つとして同じものはありません。花器に抜擢されても十分すぎるほどあか抜けた器です。

蕎麦猪口に合わせたのは青紫の花。長い茎を伸ばしているのはソバナ、薄紫の顔をのぞかせているのはクレマチスデュランディです。蕎麦猪口は口が広く、切花を立たせづらいので、小さな剣山を使っています。

次頁の花器は打って変わって大きな壺。コバルト色が目に飛び込み、ひと目で気に入った壺は、インドネシアのもの。時代はあまり古くありませんが、大らかで大胆に描かれた模様は夏の暑さも気持ちよく感じる力を持っているようです。

蕎麦猪口でも壺でも、青い線や花柄に出会うとつい仕入れてしまいます。花を活けていなくてもインテリアとして重宝するところも魅力です。

FLOWERS A ビバーナムコンパクタ、B ブッドレア、C ソバナ、D クレマチスデュランディ、E センダンの実

arrange.1

コバルト色の大きな花器で
夏の暑さも気持ちよく

クロホオズキの実は黒から緑色に広がる珍しい色合いで、明るい色のアレンジによくなじみます。大きな壺に活けるときは、長いものはそのまま残し、数本は短く切って、実の部分が壺の口にくるようにすると花留めになります。

FLOWERS A クレマチス エリオステモン、B・E クレマチスミセススミエ、C アスター、D ルリタマアザミ、F クロホオズキ

arrange.2

ユニークな大きな葉っぱは
造形を活かして楽しげに

大きな葉は存在がユニークなので実ものをのせたり、くるりんと曲げるだけでちょっと楽しい空間が生まれます。蕎麦猪口だけで和によりすぎるようなら、大きな洋皿にまとめてスッキリさせてもいいですね。

剣山より手軽なのが切り花を剪定したときに落とした茎。ちょうどよいサイズに切って器に渡すと、簡単に花を立たせることができます。写真では放射状に茎を渡していますが、実際は十字になる2本の茎で十分です。

秋の草花とかご

Autumn Flowers in Baskets

食卓に飾るなら背の低いかごがおすすめ

とにかくかごが好きです。日本の暮らしのなかで使われてきたざるやかご、アジアのかご、ヨーロッパの買い物バスケットなど。本来の目的である何かを入れても、入れなくても、かごの存在そのものが大好きな方も多いのではないでしょうか。

上の写真は秋の食卓をイメージして、草花をこんもりと活けてみました。吸水性スポンジにできるだけ低くした切り花を挿します。かごは韓国で野菜を干したりするときに使うざるのような浅めのもの。食卓では背の低いかごだと邪魔になりません。

草花のアレンジメントでは、自然に咲いているように、たくさんの花をいかに無理なく隣り合わせで咲かせるかがポイント。どんなに目立たない花でも、実でも、種でも、等しく愛情を注ぐことです。

草花風のものを集めるときは、ぜひ家の周辺を歩いてみてください。初秋には紅葉し始めた黄金色のエノコログサ、クレマチスの種、ススキ、イヌタデ、ミズヒキ、ボクチなど、いろいろと見つかることでしょう。

FLOWERS A ガマズミ、B カヤツリソウ、C クロマイ、D ベルノニア、E カンレンボク、F テンニンソウ、G クサボタンの種、H バジル、I ドライアンドラ、J アマクリナム、K ゴーヤ、L トルコキキョウ、M ミシマサイコ、N ベルテッセン、O ジニア、P アケボノソウ、Q ワレモコウ、R エリンジューム、S オトコエシ、T ノバラの実、U ボンボンダリア、V ベッセラ、W ダンギク、X ユーパトリューム

JANUARY
FEBRUARY
MARCH
APRIL
MAY
JUNE
JULY
AUGUST
SEPTEMBER
OCTOBER
NOVEMBER
DECEMBER

FLOWERS A カンレンボク、B クロマイ、C リキュウソウ、D バジル、E シロタエギク、F シオデ、G チョウジソウ、H ベルテッセン、I ミシマサイコ、J クサボタンの種、K センダンの実、L スズメウリ、M ヘレニウム、N エリンジューム、O ワレモコウ

arrange.1

小さなふたつきパニエは
お祝いやご挨拶にぴったり

フランスから持ち帰ったふたつきパニエにアレンジしました。小さなかごなので切り花も長さは要りません。左右の高さを変えると全体に動きが出てきます。さり気なくこのままギフトにしても喜んでもらえそうです。

arrange.2

実ものを主役にしたシンプルなかご盛り

多くの花材を集めるのが大変という人におすすめなのが、実ものを主役にした活け方です。季節の赤い実を中心に集めて、紅葉した葉や身近にある野草を2、3種類摘んでアレンジ。実ものは綺麗なドライになるのも嬉しい。

arrange.3

日本の竹かごにノブドウを絡ませて

深さのある日本の竹かごにクルクルとノブドウなどを絡ませました。ノブドウの実は大変美しいのですが色味が慎ましいので、差し色に赤いスズメウリとオレンジ色のツルウメモドキをプラス。かごの中で秋が深まります。

10月 カボチャ
Pumpkins

お部屋に飾れるハロウィンアレンジメント

10月に入ると花屋さんには多くのカボチャが登場します。この時季だけ出回るカボチャを入れてインテリアとしても楽しめるアレンジをつくりました。その舞台となったのは、どこに何を入れたか忘れてしまうほどたくさんの引き出しがついたイギリスのチェスト。タイサンボクの葉色と同化して、まるで家具から葉っぱが生えたよう。なかなか面白い組み合わせになりました。

仕掛けはタイサンボクの葉をセロファンでくるんだ吸水性スポンジの周りに重ねて貼りつけただけ。横長アレンジの適当な花器が見つからないときのナイスアイデアです。

まずはタイサンボクの葉を平らにカットして、さっくりとスポンジ全体を埋めるように貼りつけます。後は高い花、低い花とお隣さんとのバランスをとりながら、順番に花と実を挿していきます。ちょっとくらい重なっていても、飛び出していても大丈夫。あまり神経質にならずに、花の顔がよく見えるよう向きだけ気にしてあげるのがポイントです。

FLOWERS A カザリカボチャ、B タカノツメ、C ザクロ、D・I キイチゴの葉、E マリーゴールド、F ワレモコウ、G メラレウカ、H バラの実、J ガイラルディア、K コスモス、L マリーゴールドの蕾

arrange.1

ハロウィンパーティーに
くり抜きカボチャの贈り物

観賞用の大きなカボチャを使いました。
花をつめたらふたをして、リネンでく
るんででき上がり。包みをほどいたら
カボチャがドン、さらに開けたらお花
がにっこり。まさにサプライズギフト。
喜ばれること間違いなしです。

FLOWERS A ジニア、B
ガーベラ、C クサボタンの
種、D・F・L グミの葉、E
グミの実、G シロタエギ
ク、H レモン、I マリーゴ
ールド、J フウセントウワ
タ、K トルコキキョウ、M
サフランの球根

カボチャを半分に切り、種をスプーンでくり抜きます。
底部分は種を取り出して浅めにくり抜き、薄くスライ
スした吸水性スポンジを並べます。ふた部分は頑張っ
て皮が厚さ2cmほどになるよう中身をくり抜くと花
がつぶれません。

arrange.2

フレームに並べるだけの水なしアレンジ

水もスポンジも使いたくない人におすすめのフレーム装花。
黒い漆のオーバルフレームに季節の野菜や果物を飾りまし
た。静物画のような一枚にするには、なるべく色を統一さ
せることが一番のコツです。

フランスのアンティークリネンにカボチャを包み込ん
で、リボンでぎゅっと結びました。もちろんお手紙も
添えて。このひと手間で気持ちが伝わります。

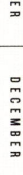

紅葉の葉

Autumn Leaves

野菜市場で使われていたはかりを器に

赤や黄色に色づいた葉っぱは、この時季だけの神様からの贈り物。花の命も短いけれど、紅葉の葉っぱも短命です。枯れて土に還っていくまでのほんの一瞬の美しい姿を拝借して、愛でさせていただきましょう。

天井から吊るしているのはハンガリーの野菜市場で使われていたはかりです。天秤用の重りもあったのですが、残念ながら消えてしまったので、代役としてユズを抜擢。バランスを取ってみました。

お皿に浅く水を張って小さな剣山を置き、紅葉した葉と花を入れます。器にしたはかりの形が十分目を引く存在なので、活ける花はできるだけシンプルにするととちらも相乗効果で引き立ちます。紅葉したキイチゴの葉は思い切って高めに入れると動きが生まれ、ユズの黄色く丸いフォルムも絶妙なポイントに。

紅葉した葉はこの時季しか見ることができませんので、ひと枝でも部屋に取り入れて、真っ赤に色づいた一枚の葉に思いを馳せてみてはいかがでしょうか。

FLOWERS A キイチゴの葉、B キク（アナスタシア）、C ユズ

JANUARY
FEBRUARY
MARCH
APRIL
MAY
JUNE
JULY
AUGUST
SEPTEMBER
OCTOBER
NOVEMBER
DECEMBER

FLOWERS A テイカカズラ、B ノバラの実、C アロニア

arrange.1

壁掛けキャビネットが
真っ赤な秋の初舞台

さりげなくお部屋に秋を取り入れたい人におすすめの
アレンジメント。見事に赤く色づいた葉はアロニアで、
大きな赤い実もついています。テイカカズラの蔓で流
れをつくり、小さなノバラの赤い実も添えて。

arrange.2

葉っぱをちりばめた
デコレーション

色づいた葉を集めてお皿やトレーに並
べるだけのお手軽ディスプレイです。
赤い葉だけでなく、緑に赤が混じって
いるものや黄色い葉もプラス。大好き
な絵本や素敵なカードを添えれば、さ
らにいい雰囲気になります。

11 月 part-2 菊 *Chrysanthemums*

活ける器で印象が変わる不揃いな役者たち

菊に惹かれるのはびっくりするくらい変わらない表情で長く咲き続けてくれるところ。こんな重宝な花を使わないなんてもったいない話です。菊は仏花のイメージもありますが、使う器でずいぶんと印象が変わります。白い古伊万里に活けてみると、静と動のバランスが生まれ、新種の西洋の花にも見えてきませんか？色も大きさもまちまちな菊を選ぶと、躍動感が出てスタイリッシュな雰囲気に。曲がった姿のものなど、短所に見える花材をあえて楽しむことも大事。平面的な菊の花にも動きと陰影が生まれて奥行きが出ます。

花材はさまざまな山菊。関東や関西はビシっと揃ったものを中心に扱う生産者さんがほとんどですが、名古屋の花市場では、山に切り出しに行く個人の方や地元の女性たちが育てているものをまとめて持ってきている生産者さんがいらっしゃいます。曲がった面白い菊や不揃いな花や草、山野草を持ってきてくれるので、そういうものに目がないフラワーノリタケはお得意さんの一人です。

名古屋では、実生で種から育てた山菊は、通称、踊り菊といわれています。

arrange.1

イギリスの陶製ボトルと
韓国のお餅の型で遊ぶ

「菊だから可愛い」と言わせてしまうくらい、ベストマッチな器を見つけることも楽しみの一つ。トッサルと呼ばれる古い白磁餅型は、韓国の道具です。ボトルもトッサルもホワイト系。同系色の菊を活けました。

水のスペースはなるべく広く空けると水辺が綺麗。まとめて飾る部分と一輪二輪と分けて飾る部分をつくるとすっきりします。

arrange.2

和洋どちらにも使える
青銅は万能の器

花はサガギク、枝ものはユキヤナギの葉。それぞれ1種類のみですが、華やかさは十分に足りています。活け方のコツは、器の縁に枝垂れた長い枝や蔓などを配すること。それだけでぐっと雰囲気が出る青銅、さすがです。

12月 クリスマス
Christmas

テーブルに華を添えるクグロフ風の飾りもの

赤と緑のシンプルなリースはクリスマスの定番アイテム。「ケーキが登場するまでのテーブルに"華"を添えてくれるもの」というテーマで、高さのある菓子の型、クグロフみたいなリースを考えました。厚みがあり、コロンとした姿が可愛くて、店頭でもこの形のリースが人気です。メインの花材はヒノキ科のブルーアイス。つくるときのポイントは、土台の蔓リースにブルーアイスを重ねていくとき、なるべく縦に立ち上がらせることです。赤い実はバラの実とサンキライを入れています。赤色の微妙なトーンの違いや一粒の大きさによって、でき上がりの可愛らしさに差が出ます。

テーブルにもう少し色味が欲しいときは、秋にとっておいたノバラの実を大きな保存瓶に沈める簡単アレンジをプラス。古い保存瓶だとガラスの揺らめきが美しいのですが、手に入らなければ透明なボトルでも。その中にウォーターキャンドルを浮かべて灯すとさらに素敵。その際、火の元には十分気をつけてくださいね。

ブルーアイスの分量を調整すれば、大小さまざまなサイズに。パーティー時にはこぶりなリースをいくつか用意してウエルカムプレートに。ワッと歓声があがります。

arrange.1

紫の葉が珍しい
魅惑のリース

紫の葉色が珍しいプルプレアをメインにつくりました。シックな色合い、生地のような肌触り。表と裏の色まで変えた手の込みようはお見事。葉の勢いがなくなったら水を控えるとそのままドライフラワーになります。

FLOWERS A・D プルプレア、B アストランティア、C ギンコウバイ

プルプレアは枝分かれをしているので、その節々で切り落とし、丸いスポンジにサクサク挿していくだけ。全体のスポンジが埋まったら枝の花の蕾部分が目立つようバランス良くまとめます。

リースのバリエーション ｜ 色や素材を変えて

クグロフ風リースは白いものも素敵。葉、花、実、すべて白ベースで統一します。ホワイトクリスマスのイメージにぴったりだと思いませんか?

日頃飾っていた花を乾燥させてざっくりまとめて、リボンでキュッと結んだ即席オブジェ。カリグラフィーでNoelと書いた紙テープを巻いてでき上がりです。

フラワーノリタケの植物旅行

バリ島

【 バグース ジャティ ヘルス & ウェルビーイング リトリート 】

滞在したホテルは絶景を見ながらヨガができるところ。みんなで鳥のさえずりを聞きながら朝ヨガを楽しんだ。

一人足が反対だ！

南フランス

【 フォンテーヌ = ド = ヴォクリューズ 】

綺麗なソルグ川が流れている町にはおしゃれなアンティーク屋さんがいっぱいあったが、ちょっとはずれるとこんな崖。

さすがムッシュ！
巨匠の風格

フランス

【 パリ 】

1 ヴァンセンヌの森。この巨大な葉っぱグンネラマニカタに感激！ 小人の国に来たみたいだ。しかも公園が広すぎる。2 アパルトマンの壁に施された壁面緑化、オアシスアブキール（L'Oasis d' Aboukir）。すごすぎる！自分の店にもやりたくなった。3 パリ郊外のランジス市場（Marché de Rungis）。花の量が半端ない。日本もこのぐらいあれば面白いのに。4 花の巨匠、ジョルジュ・フランソワのお店の前で。ひょんなことから知り合いになり、仲良くさせていただいている。

1998年からスタッフ全員で行く海外研修旅行を始めた。年に1回、
異国で出会う植物のパワーと感動が、日々の仕事の活力源になっている。

in Darwin

オーストラリア
【 ダーウィン、キャサリン 】

1 カカドゥ国立公園。太古の時代にトリップした感覚に襲われた。自然の偉大さに感動。**2** 大自然の醍醐味と水の綺麗さに感激。**3** 巨大な蟻塚。小さな蟻の集団でここまでつくるのに何年かかるんだろ？ しかもどれだけの蟻たちが暮らしていたのか？ 想像するだけで鳥肌もの。**4** 海岸にとてつもなくデカイ Happy Birthday!! に感激！ みんなありがとう！ **5** キャサリンの天然温泉の綺麗さに感激！ しかも気持ちいい湯加減。

in Katherine

みんなでまた
いろんな国行くから
仕事頑張れよ〜
世界を渡り歩く花屋！

通路の橋でパチリ
知らない外国人も参加

たまらん
多肉植物の
デカさ

シンガポール
【 ガーデンズ バイ ザ ベイ 】

シンガポールのガーデンズ バイ ザ ベイの中の植物園は、本当に手入れが行き届いていて、珍しい植物がいっぱいで、スタッフともども大興奮！ 外国の方たちもいつのまにか友達になって一緒に記念撮影。

HOW TO MAKE SELECTION

ブーケ、アレンジメント、リース、スワッグのつくり方

1章、2章で登場した作品にバリエーションを加え、7つの作品のつくり方を解説。
こうじゃないといけないというルールはないので、自由に、好きなようにつくってほしい。
前半ではふだん使っている道具や花器なども紹介。

—

INDEX

いつも使っているもの

ブーケやアレンジをつくるときは、切り花ハサミさえあれば
ほとんどの作業が可能。フラワーノリタケでは、
スタッフそれぞれが専用のハサミを持ち、一本を大事に使う。
どこかに置いたりせずに、ハサミ入れを腰から下げたり、
ハサミをひもで結んで首からぶら下げたりしている。
肌身離さず、ハサミと一心同体だ。枝ものが多いので、
共有で使える剪定バサミも重宝している。

A ワイヤー。重さのある木の実などを
固定するときに使う。B 細ワイヤー。
糸のようにとても細い。ドライフラワ
ーを束ねるときに活躍する優れもの。
C ミニ箒。テーブルに散らばった花、
葉、茎をサッと片づけるときに。D カ
ラー麻ひも。ブーケやアレンジをカジ
ュアルに仕上げたいときにリボンの代
わりに使う。赤、黄、青のパステルカ
ラーを用意。E 霧吹き。鉢物や苔など
表面が乾燥しがちな植物に吹きかける。
F ナチュラルな麻ひも。ブーケを束ね
るときに。カラー麻ひものようにリボ
ンとして使うことも。

G カッターナイフ。吸水性スポンジを
カットする。H 吸水性スポンジ。吸水
させてアレンジメントに使う。I テー
プ。吸水性スポンジを器やかごに固定
する。J 剪定バサミ。毎日使用してい
る則武潤二の愛用ハサミ。切り花も枝
ものもすべてこれ。K バラのトゲ取り。
L フローラルテープ。コサージュやパー
ツをつくるときに茎の根元に巻く。
M リボンバサミ。N 切り花ハサミ。刃
の根元がギザギザしているので細い枝
も切れる。ノーマルなブーケやアレン
ジはこのハサミ一本で十分。

包む紙、飾るリボン

WRAPPING PAPER & RIBBONS

ブーケを包む紙は張り感があるものや
ザラザラしたクラフト紙っぽいナチュラルな
風合いのものを選んでいる。色はアースカラーが中心で、
季節によって多少色味を変えている。
リボンはコットンやリネンの布リボンが中心。
生成り色を定番カラーに、オリジナルで染めたものが加わる。
染めるたびに微妙に色が違いや既製品にはない醍醐味がある。

A 蝋引きのラッピングペーパー。マットな紙を限定。B つや消しのラッピングペーパー。この紙を蝋引きしている。色違いの紙を2、3種類重ね合わせて使用。C A をカットしてブーケのサイズに合わせたもの。D メッセージカード。カリグラファーのヴェロニカ・ハリムさんに書いてもらったもの。E ショップカード。カリグラファーの浅岡千里さんに書いてもらったもの。F・G 生地屋さんで購入した艶のある布を裂き、オリジナルで染めたリボン。ラフイメージのブーケやスワッグに人気。H コットンカラー布リボン。市販の布リボンを大鍋でグツグツと染料で染めたもの。I 白、生成り色のナチュラルカラーのコットンリボン。J コットンカラーリボン。しっかり色を入れたリボンはきゅっと固結びして可愛いアクセントに。

花入れいろいろ

VARIOUS FLOWER VASES

古いガラスは少しだけ灰色を混ぜたような不思議な色が多い。
プツプツと気泡が入っていたり、少々歪んでいたりする
不完全なところが植物と相性がよく、花を一輪飾ると何でも似合う。
陶器も同じ。長い歴史のなか、さまざまなものを受け入れてきたので、
どんなものでも似合うようになったのかもしれない。

A 昭和初期の保存瓶。ガラスのゆらめきが美しいのでたっぷりの水を入れて花や実を沈めて使うことも。B 形がユニークなピクルスジャー。中国。C 1950-60年代フランスの保存瓶。枝ものの投げ入れに。D・E 1920年代イギリスのポイズンボトル（薬瓶）。窓辺に並べておくだけでも綺麗な色が楽しめる。F 1920年代イギリスのアルコールボトル。背が高いのでラインが美しい花に。G 1950-60年代フランスのアルコールボトル。盛り上がった刻印がアクセント。H 調味料が入っていた瓶。日本の現行品。シュッとした姿勢のいい瓶は気に入ったら取っておく。I 昭和初期の薬瓶。広い口にヒアシンスの球根がちょうどいい具合に乗り、ガラスのゆらめきの中で真っ白い根がまっすぐ見られる。J 1920代インドのジュース瓶。陶器のふたとガラスの組み合わせがいい。K 1950-60年代フランスの保存瓶。L・P 1900代イギリスのスドーンウェア。

調味料などの保存容器として使われてきた器。シンプルなので花や葉を選ばず楽しめる。M 1920年代イギリスのふたつきアルコールボトル。N 20世紀前半フランスのスープチュリーン。花弁一枚、葉を浮かべるだけで絵になるアイテム。O 19世紀イギリスのゼリーモールド。深いドレープがあり、白い肌がさらにレースのように際立つ。Q 1950-60年代イギリスの水差し。ぽってりとした形、スタイルの良さがいい。R 1920-30年代フランスの水差し。枝ものもゆったり飾れる便利なサイズ。S 1900年代イギリスのストーンウェアのボトル。安定感のあるボトルはカッコいいシルエットの枝ものなどが似合う。T 20世紀前半フランスのチュリーン。使い込まれて変色した器は普段使いにどんどん使える。U 19世紀イギリスの白磁陶製のゼリーモールド。当時のイギリスではどの家庭にも必ずあったといわれる調理器具の定番。

A 1950年代韓国。野菜などを乾燥させるときに使用したざるのような道具。綺麗に編まれた網目が美しいのでオブジェのように壁に飾っても面白い。B 1930年代フランスの柳バスケット。果物などの収穫の際に使用したもので一本手は珍しい。口が広く、ものが入れやすいよう工夫がしてある。C 昭和初期のお米を研ぐ竹ざる。見事というほどに美しい艶が出ている。D 1950年代韓国。Aのサイズ違い。オーバルでこぶりなので果物や野菜を入れてテーブルの上に置いても楽しめる。E 1930-40年代フランスの小さくて可愛いパニエ。F 1930年代フランスの柳の買い物かご。アレンジを入れてそのまま贈り物にしても喜ばれる。G 明治時代の柳行李。竹で編まれた道具箱。和のしつらえが似合うのでお正月など日本の行事などの花活けに。H 1920-30年代フランスの柳のバゲット入れ。花や葉、実を並べて飾るだけで絵になるおすすめアイテム。

かごいろいろ

使い込まれて飴色になったかごは
眺めているだけで幸せになる力を持っている。
インテリアとしても置いておくだけで様になり、
小物の片づけにもひと役買ってくれる心強いアイテム。
生花を飾るときは水が入る器などを中に入れる。
ドライフラワーをラフに入れるだけでも
絵になるのが嬉しい。

I 明治時代のあけびの背負いかご。山に仕事に行くときに背負っていたもので体に反った自然の歪みがある。野の花のような草花に。J 1940–
50年代イギリスの 柳かご。 Laundryと英語でペイントされているので洗濯かごとして使われていたよう。ドライフラワーをどっさり飾っても。
K タザヤシの繊維でしっかり編まれたタザドームかご。フラワーノリタケではアレンジのバスケットとして使用。抱えきれないほどの花を入
れるアレンジはとても人気。L インドのバスケット。ヤシの繊維で編まれている。エスニック感漂う持ち手つき。葉ものや実ものがとても似合
い、個性的なアレンジに仕上がる。M アブタミニバスケット。ヤシの繊維でもさらに丈夫なアブタヤシでつくられたかご。小さくてもアレン
ジがとても映える。

作品 P.026

花摘みのブーケ

[花材] ※本数は目安です。
花材の状態によって適宜変えてください。

A ガマズミ…1本
B アネモネ（紫）…5本
C ラナンキュラス（ピンク）…5本
D クリスマスローズ…3本
E バイモ…10本
F ルピナス…7本
G スカビオサ…5本
H スイートピー（薄紫）…5本
I スイートピー（まだらの濃紫）…6本
J ゴシキカズラ…3本

[使うもの]

☑ハサミ　☑麻ひも
☑ラッピングペーパー2種類　☑リボン

下準備

01 ガマズミは枝分かれしている部分で切り分ける。

02 切り分けた状態。

03 ブーケを束ねる際に手で持つあたりまで葉や小枝を取り除く。

04 ガマズミを切り分け、余分な葉と枝を取り除いた状態。

05 ルピナスも同様に、下のほうにある葉は手で取り除く。

花材を束ねる

06 一番長いガマズミを選んで芯にする。

07 ガマズミと交差させるように、手前からクリスマスローズを斜めに重ねる。

POINT このときクリスマスローズはガマズミよりやや低い位置にする。

08 ガマズミとクリスマスローズが交差するところに薄紫のスイートピーを重ねる。

09 バイモ、ルピナス、ガマズミを重ね、花のたくさんついたガマズミは少し低めに。

10 バイモを高めに重ねる。

POINT 好きな花を高めにするとよい。

11 スイートピーの茎はまっすぐなので、少したわませる。

12 大きめの花のラナンキュラスは低めに重ねる。

13 外側に重ねるクリスマスローズは手で軽くたわませる。

14 高低差をつけながら、残りの花材を重ねる。

POINT アネモネもやや低めに入れるとよい。

15 このくらいのボリュームになる。

16 バランスを見ながら真ん中にスカビオサを高めに差す。

POINT 花材を足したいときは、このように後から真ん中から入れてもよい。

17 ゴシキカズラをこんもりとブーケに渡らせる。

POINT このとき枝や茎に引っ掛けるようにするとよい。

ブーケを仕上げる

18 茎を切り揃える。

19 麻ひもを枝にくぐらせてから、一周結ぶ。

20 麻ひもを何周か巻きつけて、しっかりと結ぶ。

21 でき上がり。

PLUS IDEA COLUMN ## ラッピングの方法

ブーケをプレゼントするときは、吸水をきちんとしておくことが大事。
ラッピングは色違いで2枚重ねるとより特別感が出る。

01 ティッシュを茎の間に押し込む。

02 水を含ませる。

03 ビニール袋をかぶせて、テープで固定する。

04 ラッピングペーパーで包む。花がよく見えるようにペーパーの正面は軽く折り曲げる。

05 同様にもう1枚重ねる。

06 リボンで結ぶ。

ブーケのでき上がり。
花全体が見えるように
ふんわりと包む。

POINT

ラッピングは植物に傷がつかないよう保護する目的もあるので、優しく包むことが大切。包んだときに植物の背景になる紙の余白は、景色として楽しんでもらう見せ方もできる。

花摘みのアレンジメント

「花摘みのブーケ」と同じ花材でのアレンジメントです。
ブーケと同様に花材を適宜切り分け、
余分な葉や茎を取り除いておきます。

[花材]
「花摘みのブーケ」
（p.160）と同じ

[使うもの]
☑ハサミ　☑ナイフ　☑吸水性スポンジ
☑セロファン　☑セロハンテープ
☑約40cm×30cmの取っ手つきかご

下準備

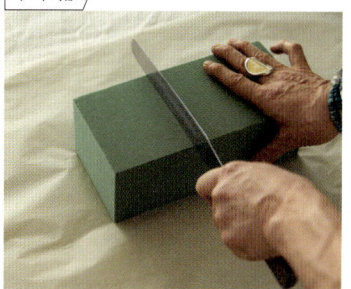

01 吸水性スポンジをかごの横幅⅓くらいの大きさにナイフで切り分ける。

02 水につけ、吸水させる。

03 セロファンに吸水性スポンジをのせ、スポンジの高さまでセロファンを立ち上げ、セロハンテープで固定する。

花を挿す

04 吸水性スポンジの側面に、薄紫のスイートピーとルピナスを水平に挿す。

05 まだらの濃紫のスイートピーを短めに挿し、ガマズミを短く切り分け、高低差をつけながら挿す。

06 クリスマスローズも短く切り分け、低めに挿す。

07 アネモネを低めに挿し、ラナンキュラス、スカビオサは茎を活かしてやや高めに挿す。

`POINT` 茎を少したわませて、動きをつける。

08 バイモを高めに挿す。

`POINT` 好きな花は高めに。

09 下のほうにスカビオサを挿す。最後にゴシキカズラを絡ませてでき上がり。

作品　P.040

ボックスフラワー

[花材]　※本数は目安です。
花材の状態によって適宜変えてください。

A ニゲラの種…2本
B グリーンネックレス…1本
C ベルテッセン…1本
D ブルーレース…2本
E マトリカリア…1本
F アジサイ…1本
G ブルーベリーの葉…2本
H パセリの花…2本
I アストランティア…2本
J ゼラニウム…2本
K スカビオサ…2本
L クレマチスの種…2本

[使うもの]

☑ハサミ　☑セロファン　☑吸水性スポンジ
☑ナイフ　☑ボックス(縦17×横13×高さ1.5cm)

下準備

01 ボックスにセロファンを敷き、箱よりも少し小さめにカットした吸水性スポンジに水を含ませ、箱の真ん中に置く。

花を挿す

02 大きい花から入れる。小分けにしたアジサイをまばらに挿す。

03 ブルーレースとスカビオサを挿す。ブルーレースは花首ギリギリに切る。

04 葉ものを入れる。ゼラニウム、ブルーベリーの葉をスポンジを隠すように挿す。

POINT 色と形が同じものが近くにこないように挿すと動きが出る。

05 ニゲラの種、パセリの花を挿す。パセリの花は少し浮かし気味に挿す。

06 クレマチスの種、アストランティアを挿す。

POINT アストランティアは高低差をつけたり、束にしたりすると、花の顔の浮き沈みができて面白さが伝わる。

07 マトリカリアも束にして挿す。

08 挿し終わった状態。吸水性スポンジや隙間が見えるところは花材を足したり、位置をずらしてバランスを整える。

09 ベルテッセンは茎の先をスポンジに挿し、蔓ごと活かす。

10 ほどよい長さで切る。

11 グリーンネックレスを花の上に渡して、でき上がり。

横から見た状態。

PLUS IDEA COLUMN ボックスアレンジのバリエーション

ボックスアレンジの良いところは、小さくて短い茎でも自由自在にアレンジできる点。
高さが出ないためスペースも取らず、場所も選ばない。生活雑器に活ければ、より手軽に楽しめる。

—— フランスのキャセロール ——

吸水性スポンジを器と同じ楕円形に切り、器の半分まで敷き詰める。こげ茶色の花芯のルドベキアをポイントに、黄、オレンジ、赤の暖色系の花材で揃えて土色の素朴な器に似合うアレンジに。

—— タイの水草弁当箱 ——

通気性、保温性に優れた水草の箱は和洋どちらにも合う。ふたをしてギフトにするならスポンジの高さは半分より低めにする。多めのグリーンにアジサイやクレマチスを差し色に。

—— イギリスの菓子型 ——

器のシルエットや陶の色の美しさも見せるため、器の縁取りがしっかり見えるように低めに花を挿す。青、紫系の花、ルリタマアザミ、アジサイ、アゲラータムを使って涼し気に。

作品 P.044

プロテアと和花のブーケ

[花材] ※本数は目安です。
花材の状態によって適宜変えてください。

A ディアボロ…4本
B ラズベリー…3本
C ケール…5本
D スカビオサの種…3本
E モナルダ…5本
F ユーカリトランペット…1本
G アーティチョーク…1本
H プロテア…2本
I ヤマゴボウ…1本
J ベアグラス…30本
K クレマチスの種…5本

＊花材はブーケをつくりやすい長さに
切り分けておく。

[使うもの]

☑ハサミ　☑麻ひも

〉 花材を束ねる

01 プロテアと交差させるように、ユーカ
リトランペットを後ろ側に重ねる。

02 ディアボロを重ねる。

03 ラズベリーをプロテアの脇に、アーテ
ィチョークを手前に重ねる。

04 モナルダは同じ場所にかたまるように
入れる。

POINT モナルダは花びらを間引いて、ワイン
色の美しい葉も見せる。

05 ケールを重ねる。葉が多いようなら少
し間引き、かためて入れる。

06 ケールの間にスカビオサの種を重ねる。高低差をつけて入れるとよい。

07 ブーケを回しながらラズベリーをところどころに入れ、最初に入れたプロテアと高低差がつくように、もう1本プロテアを入れる。

08 アクセントになるようにヤマゴボウを高めに入れる。

09 クレマチスの種を入れる。

10 花材をほぼ入れ終わった状態。

ブーケを仕上げる

11 麻ひもを枝にくぐらせて一周結び、さらに何周か巻きつけて、しっかり結ぶ。

12 ベアグラスは、ひとにぎりの量をひと束にして、ツルツルした表側が同じ向きになるように整え、根元を切り揃える。同じボリュームで3束用意する。

13 片方の手で根元を抑えながら、ひと束目をふんわりとブーケに渡らせる。

14 もうひと束も同様にブーケを渡す。

POINT 真ん中、横と変化をつけ、3束めはブーケに渡さずにそのまま下に流す。

15 ベアグラスを麻ひもでしっかり結ぶ。

16 茎を切り揃える。

17 でき上がり。

作品 P.055

深い森のリース

[花材] ※本数は目安です。
花材の状態によって適宜変えてください。

A ジューンベリー…2本
B チドリソウ…3本
C ディアボロ…2本
D コットンブッシュ…2本
E ビバーナム…2本
F クリスマスローズ…2本
G ユーカリトランペット…1本
H ハイブリッドスターチス…2本
I ローズマリー…3本
J クマヤマギ…1本
K ウエストリンギア…5本
L ニゲラの種…3本
M ケムリソウ…1本
N ラズベリー…3本

[使うもの]

☑ハサミ　☑ワイヤー(糸針金)

 下準備

01 ウエストリンギアは枝分かれしている部分で切り分ける。枝の先端はそのまま使うので、形よく枝を残した状態にしておく。

02 15〜20cmくらいに切り分けた状態。

03 ローズマリーも同様に枝分けする。太すぎる枝は曲がりにくいので使わない。

04 ローズマリーを切り分けた状態。

土台をつくる

05 大きめのウエストリンギアにローズマリーを重ねる。枝と枝は半分くらい重なるように。

06 重なった部分をワイヤーで結び、固定する。ワイヤーは切らない。

07 枝と枝を重ねてワイヤーでぐるぐる巻きながら、棒状につなぐ。ウエストリンギアは葉の裏を見せてもよい。

08 直径30〜35cmくらいになったら最初の枝と最後の枝を重ねて、ワイヤーを結ぶ。綺麗な輪になるように手でぎゅっと押えて形を整える。

09 輪になった状態。突き出している枝はあとでカットするか、ワイヤーでとめてもよい。

10 小さめの枝を土台に巻きつけたワイヤーの中に挿し込み、ボリュームを出す。

`POINT` 土台はドライになったときに痩せてしまうので、少し太めにつくっておく。

11 土台ができ上がった状態。

花を挿す

12 ユーカリトランペット、クマヤナギ、ディアボロを適宜切り分け、ワイヤーで土台に固定する。

`POINT` 大きい枝ものや実ものから挿す。

13 ユーカリトランペット、クマヤナギ、ディアボロを挿した状態。

14 ジューンベリー、ラズベリーを挿す。はずれやすい枝はワイヤーで固定。

`POINT` ジューンベリーは長い状態のまま挿しても可愛らしくなる。

15 ジューンベリー、ラズベリーを挿した状態。

16 ハイブリッドスターチスは、小分けにして頭の長さを揃え、束にして挿す。上だけでなく側面にも挿すとよい。

`POINT` 束にすると赤い面積が増え、きゅっとかたまって綺麗になる。

17 ビバーナム、チドリソウ、クリスマスローズ、ニゲラの種、コットンブッシュを挿す。コットンブッシュは枝ものだが、最初に挿すと埋もれてしまうので、このタイミングで加える。

18 最後に小分けしたケムリソウを挿して、でき上がり。

作品 P.056

ワイルドスワッグ

[花材] ※本数は目安です。
花材の状態によって適宜変えてください。

A グンバイナズナ…2本
B ケムリソウ…2本
C フィビジア…3本
D サンカクアカシア…2本
E バンクシャ…1本
F リューカデンドロン…1本
G ユーカリトランペット…1本
H サラセニア…2本
I ディアボロ…1本
J ニゲラの種…1本
K アキレア…3本

[使うもの]

☑ ハサミ　☑ 麻ひも

| 下準備 |

01 スワッグのベースとなるサンカクアカシアは、下のほうの葉を手でそぐ。

02 短め、長めを含めて全部で6本に切り分ける。

| 花材を束ねる |

03 いちばん長い枝を真ん中に、両脇に短い枝がくるように組む。

POINT 三角形のシルエットになるようにするとよい。

04 中央にフィビジア、アキレアを重ね、厚みを出す。

05 中央にリューカデンドロンを重ね、ニゲラの種を散らす。

06 短めのアキレアを左側に重ねて高低差を出し、サラセニアを高めに入れる。

POINT サラセニアは、上から下へ角度をつけて入れると立体的になる。

07 もう1本のサラセニアは、高低差をつけて入れる。

08 長めの花材をほぼ束ねた状態。束ねた手がゆるまないように注意する。

POINT 大きめのスワッグは、テーブルの上に置いて束ねるとつくりやすい。

09 根元にケムリソウを加えて厚みとボリュームを出す。

10 ニゲラの種をかためて加え、つけ根のところにユーカリトランペットを入れる。

11 バンクシャは長いままつけ根の近くに入れる。このとき先に入れた花が隠れないように注意する。

12 バンクシャの近くにケムリソウ、グンバイナズナを加え、ボリュームを出す。奥のほうにディアボロを加える。

スワッグを仕上げる

13 手で押えた下に麻ひもを巻きつけて、しっかりと結び、固定する。

14 スワッグを結んだ状態。

15 枝や茎を切る。

POINT 枝を切るときは、揃えすぎないようにするとワイルド感が出る。

16 麻ひもでしばったところに、ユーカリトランペットの葉を挿す。

17 でき上がり。固定する麻ひもでしばったところは、さらに麻ひもや好みのひもやリボンで巻いて、壁に吊るせるようにループをつくる。

下から見上げた状態。

作品　P.070

スクエアリース

[花材]　※本数は目安です。
花材の状態によって適宜変えてください。

A ブルーアイス…2本
B シロタエギク…2本
C ラグラス…1本
D メラレウカ…5本
E コットンブッシュ…1本
F ヒバ…3本
G ノバラの実…1本
H グニューカリ…1本
I アオモジ…1本
J ミモザ…3本

[使うもの]

☑ ハサミ　☑ ワイヤー（糸針金）
☑ リボン

下準備

01 枝を20cmくらいの長さに切り揃える。

02 切り揃えた状態。

枝を束ねる

03 種類が違う枝5本くらいを手で束ねる。

POINT 束ねるときは枝を上下互い違いにして
太さが均等になるようにする。

04 束の上と下を2か所、ワイヤーで結ぶ。

05 束ねた状態。

06 同様に全部で6束つくる。

07 3束ずつにまとめて、2段に重ねる。

08 両手の親指とひとさし指で持てるくらいの太さを目安に束ねる。
POINT 空気が通るようにふんわり束ねる。

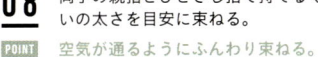

09 真ん中をワイヤーでぎゅっと巻く。

仕上げる

10 ノバラの実をバランスよく挿す。

11 ラグラスも挿す。

12 リボンで結ぶ。十字結びにしてもよい。飛び出している枝をはさみで切って整える。

PLUS IDEA COLUMN

スクエアリースのバリエーション

フラワーノリタケで「ハーブの森」とも呼んでいるこのリースは、グルーガンを使わずに、もっとシンプルに、より自然につくれないかと思いを巡らせて生まれたもの。
短い花や茎もあますところなく使えて、でき上がりも可愛い。

夏から秋に集めていた草花を使ったリース。キャンドルをセットすれば12月のクリスマス時期にも楽しめる。立てて飾れるのも魅力。

瑞々しさが残るドライフラワーになりたての緑を束ねたもの。黄、赤、紫色の鮮やかな花をプラスし、ふさふさのアワを飛び出させて。

蔓で編まれたフードカバーに合わせて美味しそうなケーキをイメージ。短い丈の束をまとめて丸く集合させ、ラフなリボンで束ねた。

2つなら可愛さ倍増！それぞれをリボンで固結びした後、結び目が見えないように同じ種類のリボンで2つをきゅっとまとめて壁掛けに。

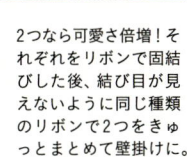

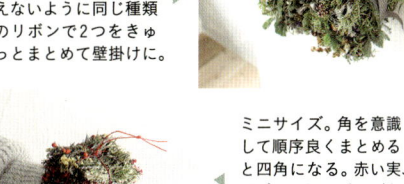

黄色いマトリカリアにセージを合わせて愛らしく。一つの集合体にし丸く束ねた後に華奢でラインの長いゲンペイコギクを巻きつけた。

ミニサイズ。角を意識して順序良くまとめると四角になる。赤い実、リボン、ラッピングなどの小道具を工夫すると季節の贈り物にも。

則武潤二
JUNJI NORITAKE

独特の世界観を放つ名古屋のフラワーショップ「Flower Noritake」オーナー。フラワーアーティストのつちやむねよし氏に師事し、1986年に「Flower Noritake」をオープン。ウエディングから会場の装花まで、幅広くアレンジメントを手がけ、ダイナミックで独創的な作風に、国内外問わず多くのファンを持つ。定期的にフラワーアレンジメントのレッスンも行っている。
http://www.flower-noritake.com

則武有里
YURI NORITAKE

「Flower Noritake」を支える一員であり、アンティークや古道具、雑貨などを扱う「Tisane infusion」オーナー。作家ものの紹介にも力を入れ、ショップに併設されたギャラリースペースでは、年間を通じて作品展やワークショップを開催している。
http://www.flower-noritake.com/tisane/

デザイン ── 陰山真実
写真 ──── 宮濱祐美子
（カバー、表紙、p.001〜011、CHAPTER1,2,3、p.150〜173,176）
則武有里
（p.078、079、p.148,149、CHAPTER4、p.165とp.173のコラム）
企画・編集 ── 須藤敦子

Flower Noritake
フラワーノリタケの花々

2018年9月20日　第1刷発行

著　者	則武潤二　則武有里
発行者	中村 誠
印刷所	図書印刷株式会社
製本所	図書印刷株式会社
発行所	株式会社日本文芸社
	〒101-8407 東京都千代田区神田神保町1-7
	電話 03-3294-8931（営業）
	03-3294-8920（編集）

Printed in Japan
112180907-112180907Ⓝ01
ISBN978-4-537-21615-8
URL https://www.nihonbungeisha.co.jp/
©Junji Noritake, Yuri Noritake 2018
（編集担当：河合）